Es gibt keine Generalprobe für dein Leben.

Um gesund und glücklich zu sein solltest du drei Sätze mit *Ja* beantworten können:

Ich liebe wo ich *jetzt* bin.
Ich liebe was ich *jetzt* tue.
Ich liebe mit wem ich *jetzt* bin.
Kannst du das nicht, dann ändere dein Drehbuch.

Marion Musenbichler

# Es gibt keine Lösung: Hier ist sie

# PRAXIS

## Wie du Fülle aktivierst

**Lektorat:** Andrea Ellmauer (korrigiert nach Schweizer-Rechtschreibung)
**Druck:** Satz + Druck AG, Gagoz 73, FL-9496 Balzers
**Satz-, Innen- und Umschlaggestaltung:** Marion Musenbichler
**Hintergrund-Symbole:** Anamcara DNS Lichtträger-Symbole, zur Verfügung gestellt von der energetischen Welt/2004
**Illustrationen:** Nicole Kropp

Anamcara Verlag
Marion Musenbichler
Rotenboden 228B, FL-9497 Triesenberg,
Tel.: +423/262 01 51, Fax: +423/262 01 52
www.anamcara.li o www.immo-sale.com
E-Mail: mm@anamcara.li

1. Auflage 2007
ISBN 978-3-9523278-0-7
(2006/2007als limitierte Sondereditionen erschienen)

# INHALTSVERZEICHNIS ZUR PRAXIS

## ICH BIN – dein Sonnenkind

Dein inneres Kind – ich nenne es Seelenkind oder Sonnenkind – ist verbunden mit der Seelensonne, der Intelligenz der Ewigkeit und dem Charme der ICH-BIN-Essenz. Es ist mit der Liebe und Wärme des gesamten Planetensystems in sich verankert. Es weiss, wie das Leben funktioniert, denn es wird vom kosmischen Wissen getragen und vom kristallinen Wirkfeld deines Schöpfer-Potentials beflügelt. Der Verstand hat scheinbar nicht ganz kapiert, welchen Stellenwert er im Hier und Jetzt zugeteilt bekommen hat. Irgendwann und irgendwo hat er wohl etwas missverstanden, vielleicht: weil er sich in seinem Ego sonnt und Stärke und Macht ausüben möchte. Eine heftige, starke Kraft – *dieser Verstand,* der sich da gegen dein Sonnenkind richtet und sich brüstet, als hätte er die Welt erschaffen. Der Verstand versucht seit jeher, deinem Sonnenkind den Rang streitig zu machen, ihm sein höchstes Wissen zu verweigern. Er funkt dazwischen, indem er dir nicht nur dein Leben schwer macht, sondern er ist drauf und dran das Ziel zu erreichen – die Sonnenkind-Existenz dir selbst gegenüber zu verleugnen. Du wirst dadurch auf eine harte Probe gestellt. Diese konträren Sichtweisen verunsichern dich. So besteht hier seit längerer Zeit eine Art Kampf, ein Wettlauf auf der Ebene der messbaren Erdenzeit. Die Frage ist: Wieweit können wir unseren innersten Lichtpunkt, *unser Seelenkind,* überhaupt noch wahrnehmen?
Wer argumentiert besser? Wer ist der Stärkere? Wer wird sich durchsetzen? Wer wird gewinnen? Falls dich die höhere Frequenz schon länger nicht mehr erreicht hat, läufst du Gefahr, dass der Gewinner bereits feststeht und der Verlierer sich weiterhin in Transparenz hüllt. Wir folgen gerne dem Massenbewusstsein. Wir schliessen uns automatisch der Mehrheit an, denn egal, was die Mehrheit auch immer so sagt: sie ist in der Überzahl. Und so geht das Denken an die Front – und das Sonnenkind verschwindet in der Versenkung.

Wenn wir nicht freiwillig „hinhören", zwingt uns das Leben eines Tages, in die Herzensrichtung zu gehen. Auf der Reise dahin wird es immer enger. Viele Stolperfallen, die der Illusion entspringen, sind hier angesiedelt. Weichen wir wieder vom Weg ab und begeben uns in die

Richtung des Verstandes, begleiten uns immer wiederkehrende schmerzhafte Erfahrungen, die uns unsanft auf den Weg „zurück schieben". Wir müssten dem Leben *für dieses Zurechtrücken* dankbar sein – doch der Verstand will nichts davon wissen. Er will sich durchsetzen und das tun, was er will. Es könnte ja plötzlich ganz toll für uns werden, nur: dann könnten wir bemerken, dass der Verstand uns seit jeher in die Irre geleitet hat; dass er sich überhaupt gar nicht auskennt und er könnte Gefahr laufen, das Zepter abgeben zu müssen. Das Vortäuschen seiner Wahrheit und seines Wissens wäre dann aber gründlich „in die Hose gegangen". Durch diese ständigen Unannehmlichkeiten, ewigen Höhen und Tiefen, Rückschläge und noch mehr unbequemen Begebenheiten ergibt sich folgende Quintessenz: Die Frucht des Verstandes scheint faul zu sein. Uns hat dieses Obst vielleicht noch nie so richtig geschmeckt – aber nachdem wir eine faule Frucht nach der anderen hinunter gewürgt und uns an diesen herben Geschmack schon gewöhnt haben, scheint es keine Rolle mehr zu spielen, dass wir uns andauernd schlecht fühlen. Die süssen und frischen Früchte mögen ja verlockender sein, aber: „Die sind eher für andere gedacht. Die wachsen nicht hier. Die sind für uns nicht zugänglich." Das sagt uns unser Verstand. Aber etwas in uns bringt uns dazu, *trotzdem* nach diesen süssen Früchten Ausschau zu halten – ob es dem Verstand nun passt oder nicht. Obwohl – das Verborgene ist nicht sichtbar, es ist nicht zu erklären und scheinbar auch nicht zu verstehen.
Bei der Geburt stand es *eins zu null* für das Sonnenkind, weil es frei von jeglichen Zwängen und Begrenzungen einfach nur existierte. Es verging einige Zeit und bald danach stand es *eins zu eins* für den Verstand, als er damit begann, uns zu bevormunden.

Bei jeglicher Fügung und Führung in unserem Leben wird uns ein Funken von Licht gesandt. Unser Weg wird erleuchtet, und wir werden geführt und getragen. In diesem Moment ergibt sich wieder ein Gleichstand zwischen Kopf und Herz. Sobald sich der Verstand aber wieder einmischt, übernimmt er gleich wieder die Führung. Echt frech, dieser Kandidat. Er nimmt sich einiges heraus. Ganz schön dreist.

Auf unserer Suche nach der Erfüllung, durch die Sehnsucht nach Liebe, werden wir ständig von unserem Sonnenkind begleitet. Es ist in uns und war immer in unserer Nähe. Nahe liegend ergibt sich daraus folgende Frage: „Wie nehme ich mit ihm Kontakt auf? Versteht es mich? Ist es beleidigt, weil ich es vergessen habe? Wie kann es mich verstehen – und wie versteh' ich es?“ Es weiss Antwort auf all meine Fragen, weil es direkt mit dem kosmischen Wissen vernetzt ist.
Gerade eben kommt ein lustiges Bild in mir hoch – ein Kasperle-Theater. Ich liebe diese Bilder. Sie machen mir nicht nur Spass, sondern auch mein Dasein lebendig. Sie sind die direkte Verbindung zum Innersten – ohne Umweg und ohne dem Verstand in die Quere zu kommen. Der direkte Weg.
Das Herz kann durch Bilder und dazugehörigen Gefühlen zu dir sprechen. In deinem Herzen wohnt dein Sonnenkind. Dein lichtes kleines Etwas scherzt mit dir, lacht mit dir und bringt dich nach jedem unerwünschten Ausflug immer wieder nach Hause zurück, *wenn du es auch wirklich willst.*

Zurück zum Kasperle-Theater. Ringsherum viele Kinder. Alle rufen: "Kasperl! Kasperl! Kasperl! Kasperl!" Und da kommt er auch schon. So, und nun stell' ich mir vor, wie alle Kinder anstatt "Kasperl" *Sonnenkind* rufen. "Sonnenkind! Sonnenkind! Sonnenkind!" Kaum ausgesprochen, schon ist es da. Auf die Gesichter der Kinder zaubert sich ein Lächeln, als sie dieses leuchtende, strahlende Wesen erblicken. Im selben Moment weicht auch schon wieder die Freude, denn der Polizist ist bereits im Anmarsch – wie es in einem Kasperle-Theater so üblich ist. Der Polizist hat nun die Rolle des Verstandes eingenommen und will das Sonnenkind vertreiben. Er zieht dem Sonnenkind mit einem grossen, dicken Knüppel "eins über die Rübe.“ So ähnlich spielt es sich in deinem Leben ab. Der Verstand übermannt das Herz ohne Rücksicht auf Verlust. Ja, so kann es im Leben sein. Können wir nur hoffen, wenn im Kasperle-Theater jetzt auch noch das Krokodil kommt, dass es nicht den „Falschen“ frisst! Hoffentlich hat es seine Rolle nicht verlernt, die zu fressen, die „scheinbar“ – „die Bösen“ sind. Das ganze Leben ist ein Theater. Und wir haben *mehr als nur* „ein Schauspieltalent“. Obwohl, darin sind wir in der Zwischenzeit

sattelfest. Demaskieren und widmen wir uns dem Dahinter. Je öfter du mit deinem inneren Kind sprichst, scherzt, in Kontakt trittst und spielst – umso mehr wirst du seine Dankbarkeit spüren.
Sieh in allem, was du tust, ein Spielzeug und wenn es dir nicht gefällt, leg es zur Seite und nimm dir ein neues. Nimm dir das, was dir gerade gefällt. Mach genau das, wonach dir gerade zumute ist. Beachte dein altes Spielzeug nicht und widme dich Spielzeugen, die es aus deiner *Verstandessicht* heraus vielleicht noch gar nicht gibt. Lass sie in Gedanken lebendig werden. Erschaffe, kreiere, forme sie. Erwecke sie. Du hast die Macht. Du nutzt sie nur noch nicht. Hinterfrage dich nicht, wenn sich in nächster Zeit sehr viel auf deinem Lebens-Spielplatz bewegen wird. Lass Bewegung zu und gib dich diesem Fluss einfach hin. **Öffne deine Fenster und Türen, um einen von Licht durchfluteten Herzensraum zu schaffen, aus dem dein Sonnenkind in dein Leben tritt und dich dabei unterstützt, dir das Gefühl zu vermitteln, dass du bereits *angekommen bist.***

*Bei den folgenden Werkzeugen findest du Männchen wieder. Diese Männchen stellen dein inneres Kind dar. Deshalb bin ich hier kurz auf dein Sonnenkind eingegangen – den wichtigsten Teil, der sich im Moment vielleicht „noch" in dir verbirgt. Um dein Sonnenkind aus der Verborgenheit hervortreten zu lassen und auf folgende Hilfestellungen besser eingehen zu können, folgen einige Wiederholungen, die du bereits im Praxisteil gelesen hast. So kann bis hin zu den jeweiligen Anwendungen ein besserer Übergang geschaffen werden. Immer wiederkehrende Impulse können sich verankern, sich in deinem Herzen manifestieren und wohl fühlen. Ich bin mir ziemlich sicher, dass nicht nur dein Sonnenkind, sondern auch die Schwingung und die Liebe hinter den Worten ganz schnell ein neues Zuhause – in deinem Herzen – finden werden.*

## Einleitung:
## Wie schaffe ich einen optimalen Zugang zu meiner Seele?

**Der Mensch bringt Tag für Tag sein Haar in Ordnung – warum nicht auch sein Herz?**

Wie bereits erwähnt, gibt es viele weise Sätze und Sprüche. Letztendlich geht es immer um das Eine – weil die Lösung, die es so gar nicht gibt, dort liegt, wo du sie nicht suchst: *in der Liebe*. *Im Herzen.* Die Herzensebene ist die Ebene der Lösung. Was nutzt mir dieser Satz, wenn ich nicht weiss, wie ich dahin gelange? Es geht um die Liebe – ganz klar. Es geht um Eigenliebe, Selbstwert und Selbstvertrauen.
Na gut. Und jetzt? Das weiss ich, aber wie setze ich es um? Wie lebe ich Liebe? Wie lasse ich Liebe wachsen? Wie „übt" man Liebe? Wo beginnt man? Und was nutzt es mir überhaupt, etwas zu wissen – wenn ich es spüren soll?

Mit ein paar einfachen Worten werde ich dir jetzt weitergeben, wie du Liebe wachsen lassen kannst; wie du Liebe integrieren kannst; wie die Liebe in dir alle Grenzen und Horizonte sprengen wird, damit du weisst, was du tun kannst. Du musst dir nur bewusst machen, dass du diesen „Schalter" jederzeit spielerisch umlegen kannst. Dir bewusst machen, dass es hier auf Erden nur um die Liebe geht und ob du nun endlich damit anfangen willst, Liebe zuzulassen.

Hey, du bist da, um zur Liebe zu erwachen! Beginn deine Aufgabe „ernst" zu nehmen, indem du es dir „leichter" machst. Du kannst so viele Stationen durchlaufen wie du möchtest, du hast alle Zeit der Welt. Doch je länger du damit wartest, desto schmerzhafter *kann* der Prozess sein. Hättest du nicht schon so viele schmerzhafte Prozesse durchlaufen, würdest du heute nicht der sein, der du bist. Der richtige Zeitpunkt für Veränderungen ist – wie immer – *jetzt.* Es ist so einfach, dass der Verstand es gar nicht mehr greifen kann. Versuche es nicht erst zu verstehen. Tu es. Mach es. Setz es um.

Der erste Schritt, um dir Zutritt zu deinem Herzen zu verschaffen, beginnt mit dem bewussten Öffnen des Herz-Chakras. Hier spürst du das, was gelebt und entdeckt werden will – *das Licht in dir.* Die

Aufgabe ist, dich von der Schwingungsfrequenz des Verstandes auf die Schwingungsfrequenz des Herzens ein zu schwingen. Dein Herz wurde jahrelang wie ein Stiefkind behandelt, weil du dich zu wenig darum gekümmert hast. Um diese versickerte Quelle wieder zum Sprudeln zu bringen, kann man mit Hilfe dieses *Werkzeuges* ganz einfach – immer und immer wieder – den Zugang zum Herzen „trainieren". Zwanzig bis dreissig Mal am Tag, je nach Lust und Laune – immer wieder.
Auch hier gilt, es aus einem Bedürfnis heraus zu tun. Es nicht als *eine Übung,* als *ein Muss* anzusehen, dass sich bei dir endlich etwas verändert, sondern damit zu beginnen, aus der inneren Bereitschaft heraus die Aufgabe deines Daseins zu leben. Dich als solches zu erkennen – *als das, was du bist* – und in Folge in allem, was du tust, denkst und fühlst, bei dir zu bleiben. Es sollte zu einem inneren Verlangen werden, dich endlich um dich selbst zu kümmern.

Du musst folgende Vorstellung weder sehen noch fühlen. Stell es dir einfach vor – wie ein Kind es tut, das sich zum Geburtstag ein Fahrrad gewünscht hat. Da geht ein Herzenswunsch in Erfüllung und das Kind sieht sich schon Tage zuvor, in seiner Vorstellung, auf seinem Fahrrad fahren. Es stellt sich ein blaues Fahrrad vor und wie alle Kinder staunen, wie Freunde neidisch sind und wie es voller Freude und Begeisterung durch die Gegend fährt.
Du beginnst zuerst mit der bildlichen Vorstellung. Irgendwann spürst du Emotionen. Ein Herz, das kribbelt, warm wird oder Hitze entwickelt. Ein Lächeln im Gesicht – irgendein wohliges Gefühl, begleitet von einer Vorstellung, die der „Phantasie" entspringt.
Diese Bilder sind die Sprache deines Herzens. Wenn ich dich frage, welche Farbe dein Auto hat und du sagt *schwarz* – dann musst du dir vorher das Auto vorstellen, bevor du *schwarz* aussprechen kannst. Auch wenn du das gar nicht bewusst wahrnimmst, weil alles automatisch nach einem vorgegebenen Schema abläuft, hast du das Bild jedoch *vorher* immer vor Augen.

Also beginnen wir mit der leichtesten Übung der Welt: Du öffnest dein Herz, als ob du eine Taschenlampe anknipsen würdest.

**Schliesse deine Augen. Stell dir vor, auf deinem Kopf sitzt ein kleines Männchen. Dieses Männchen ist dein Seelenkind. Es läuft auf deinem Kopf hin und her und entdeckt mitten in deinem Kopf eine Öffnung. Dieses Loch (Scheitel-Chakra) sieht echt spannend aus! Was macht ein kleines Kind? Neugierig wie es ist, läuft es natürlich in diese Öffnung hinein und durch deinen Kopf hindurch. Es läuft an den Augen vorbei, an der Nase vorbei, am Mund vorbei. Dann kommt es zum Hals. Dort entdeckt es diese tolle lange Rutschbahn. „Juhui!" Es rutscht über diese Rutschbahn runter und freut sich wie ein kleines Kind. Es juchzt vor Freude, springt von der Rutsche, läuft weiter zum Herzen und öffnet im Herzen die Fensterläden.**

Anfangs malst du dir diese Vorstellung – in all ihren kleinen Details – liebevoll aus. Je detaillierter die Vorstellung, umso näher kommst du der Sprache des Herzens. Nun befindest du dich auf der emotionalen Ebene, auf der *der Verstand* nicht existiert. Hier sind deine Göttlichkeit, deine Vollkommenheit, deine Fülle, deine Leichtigkeit, deine Liebe, deine Gesundheit, deine Zufriedenheit, deine Bilder und deine Emotionen zu Hause. Hier spürst du das, was gelebt und entdeckt werden will. Mit der Zeit läuft das Männchen oben rein und unten raus und irgendwann bleibt das Herz-Chakra sowieso geöffnet. Diese Hilfestellung ist also nur von kurzer Dauer und wird dich jedes Mal ein Stück mehr berühren, dich mehr spüren lassen, dich an dich selbst erinnern.

So, und das war auch schon der erste kleine Schritt – eine Art „Vorübung", die du immer wieder machen kannst. Vorerst in entspannter Atmosphäre, beim Liegen oder Sitzen – später dann einfach so zwischen Tür und Angel. Du wirst sehen, je öfter du diese Übung machst, umso intensiver werden dein Gefühl und deine Wahrnehmung darin sein. Es hört sich nicht nur simpel an, es ist *mehr als einfach*. Es ist eine kleine Hilfestellung – verpackt in eine Idee, die wir uns alle gut vorstellen können, da in uns allen ein Kind steckt.
Bei vielen meiner Kunden gebe ich zu Beginn des Gespräches

folgendes Beispiel, was ungefähr folgenden Dialog ergibt: **„Hebe deine Hand nach oben."** „Die rechte oder die linke?" **„Egal. Hebe sie einfach hoch und jetzt tu sie wieder runter. Wie hast du das gemacht?"** „Hmh, ich hab' es einfach gemacht, indem ich sie hochgehoben habe." **„Okay. Und jetzt schliess deine Augen – und nun öffne sie wieder. Wie hast du das gemacht?"** „Indem ich die Augen einfach geschlossen und wieder geöffnet habe." **„Alles klar. Nun öffne dein Herz. Und wie hast du das gemacht?"** Hier folgen meist dieselben Antworten: „Gute Frage! Wie soll ich das machen? Wie geht das? Kann ich das? Das kann ich nicht! Wie funktioniert das? Das ist schwierig."
Du hast deine Hand hochgehoben, und du hast deine Augen geöffnet. Wie? Indem du es einfach gemacht hast. Genauso einfach ist es, dein Herz zu öffnen, *du musst es einfach nur tun* – indem du dir *irgendwie* vorstellst, dass es sich öffnet. Indem dein Verstand sich einmischt und es hinterfragt, hältst du dich davon ab, es zu tun. „Es ist trotzdem schwierig." **„Trotzdem – vielleicht – aber – eigentlich; alle diese Wörter entspringen deinem Verstand, der das natürlich nicht wissen kann. Also auch hier wieder der Beweis dafür, dass wir uns durch unser Denken davon abhalten, es umzusetzen."**

Erinnere dich an die im *Theorieteil* aufgeführte bildliche Vorstellung von dem Kind, welches „seinem Ufer entrissen" und in den grossen See „hineingeworfen" wird. Wie es als Mensch danach nicht mehr weiss, wie es ans Ufer zurück finden soll – weil es vergessen hat, seinen Impulsen zu folgen. Wie es alle Menschen fragt, die dort so vor sich hin treiben, schwimmen und strampeln; wie es ans Ufer zurückkommen kann – und jeder gibt ihm die Antwort, dass er ja selbst zurück schwimmen würde, wenn er nur wüsste, wie. Mit ein paar intuitiven Bewegungen würdest du dem Ufer immer näher kommen, aber indem dein Verstand glaubt, eine Lösung finden zu müssen – wie er wohl zurückkommen könnte – überhörst du deine innere Stimme, die es dir über das Gefühl vermitteln würde.

Man sollte eben nur hinhören und dieser Stimme folgen. Nur, wie kann ich dieser Stimme folgen, wenn ich sie nicht höre? Wie kann ich meinem Gefühl folgen, wenn ich es nicht spüre? Indem ich es im Kopf still werden lasse, wird das Herz automatisch in den Vordergrund treten. Als Unterstützung dazu gebe ich dir folgende Hilfestellungen, damit du das Hören und Spüren wieder in dein Leben einfliessen lassen kannst, indem du es wieder für dich entdeckst.

So nebenbei bemerkt, mich haben schon viele Menschen gefragt, ob das Herz-Chakra offen bleiben darf, ob sie dadurch nicht „angreifbar" wären. Wenn ich im Herzen bin, kann ich nicht angegriffen werden, da es nichts Stärkeres auf der Welt gibt als die Liebe. Wenn ich aber Angst vor Angriffen – egal welcher Art – habe, ist es die Angst davor und die Resonanz zu solchen Themen und Energien, die solche „Angriffe" hervorrufen.

Grundsätzlich ist wichtig zu wissen: Nichts geschieht, wenn ich es nicht auch selbst „will", das heisst, wenn meine Seele die Erfahrung nicht braucht, wird es auch nicht geschehen. **Alles, was ich bewusst *nicht* will, werde ich erfahren, da ich es aus der Ablehnung heraus ins Leben rufe.** Solange ich es ablehne, werde ich deshalb auch damit in Konfrontation gehen. Meine Seele wird die Erfahrung machen wollen, wenn ich diese Gedanken ständig mit mir herumtrage. Mit meinen Gedanken programmiere und formatiere ich meine Situationen – wie ein Computer, der auch nur Programme wiedergeben kann, die ich zuvor installiert habe. Ich ziehe sie in mein Bewusstsein, und so schaffe ich Platz für diese Themen. Wie gesagt, alles, was ich in meinem Kopf „spazieren trage", werde ich erfahren – weil ich mich damit auseinander setze. Am besten unternimmt man seinen Spaziergang alleine und verzichtet auf solche Begleitungen. *„Aber Sie wissen nicht, wie das ist, wenn ich solche Angriffe habe."* Dieses unreale Denkprogramm – zu glauben, angegriffen zu werden – verursacht eben genau diese Angriffe. Also mache ich mir bewusst: *ich bin nicht das Opfer sondern immer der Täter.* Ob bewusst oder unbewusst, spielt hier gar keine Rolle.

**Die Energie, die du als „schlecht" bezeichnest, ist also eine Energie, die ein Teil des Ganzen ist und die dem Licht dabei hilft, sich selbst**

**zu verstehen.** Es gibt nichts „Schlechtes" in der Dunkelheit. Es ist einfach nur eine Kraft, die sich auf einer niedrigeren Schwingung des Lichts wieder findet. Alles arbeitet in einer Harmonie mit dem zusammen, was du „Licht und Liebe" nennst. Diejenigen, die dieses Thema betrifft, können hier noch mal reinspüren. Diejenigen, die sich jetzt gar nicht auskennen – oder überhaupt nicht wissen, wovon ich spreche – haben das Glück, dass es in ihrem jetzigen Leben nicht ihr Thema ist. Das heisst aber nicht, dass du es nicht auch schon erlebt oder nicht noch vor dir haben könntest. Deshalb sei achtsam und versuche, nicht nur lichtvoll zu sein. Sei aufmerksam und voller Freude, indem du *bist, wie du gerade bist,* sonst könntest du eines Tages genau das am Hals haben, worüber du dich vor gar nicht allzu langer Zeit noch amüsiert hast.

**Versuchst du, nur Licht und vollkommen zu sein, begrenzt du dich in dieser Absicht. Sei in allem, wie du gerade bist.** Willst du nur Licht sein, richtet sich auch dieses Wollen gegen dich, weil du den Gegenpol ausschliesst. Betrachte deinen momentanen Zustand als einen Raum, den du betrittst. Halte dich nicht zu lange darin auf, sondern gehe in den nächsten Raum über. Egal wie der auch aussehen mag, du hältst dich ganz kurz darin auf und wechselst in den nächsten. Auf diese Art und Weise beginnt dein Leben Leichtigkeit zu bekommen.

Wie schon gesagt: Du müsstest im Prinzip gar nichts „tun". **Wenn du immer noch denkst, dass es in deinem Leben ums „Tun" geht, dann verstehst du nicht, was Sache ist. Deine Seele kümmert sich nicht darum, was du tust – sondern dass du während und indem du etwas „tust", einfach nur bist.** Indem du deine Aufmerksamkeit nur in den Moment gibst, kann es dir sofort gelingen. Die Hilfestellungen sind nur eine kleine Unterstützung, damit du dich besser aus deinen Gewohnheiten lösen kannst. Du übst dich ja seit jeher nicht nur im Denken. Du hast auch gehen, sprechen und lesen gelernt, um nur die grundlegenden Dinge zu nennen. So wie du dir das jahrelang angeeignet und danach auch noch geübt hast, kannst du dieses *Werkzeug* nun dafür benutzen, *das Herzöffnen* zur Gewohnheit werden zu lassen – um dadurch bei dir zu bleiben. Nur, dass du es nicht jahrelang trainieren musst, um ein Ergebnis zu sehen. Nein, hier reichen ein paar Wochen aus und danach wird es so einfach, dass du schon fast wieder vergessen hast, überhaupt je eine Übung gemacht zu haben. Du kannst es zwischendurch vielleicht mal auffrischen, wenn du das Gefühl hast, du bist wieder in vielen anderen Häusern zu Besuch, dein Gedanke gibt wieder den Ton an, *oder* dein Herz verhält sich wieder auffällig ruhig, weil du es kaum spürst. Ansonsten gibt es nichts zu tun. Hättest du dir all deine Gewohnheiten nicht so hervorragend angezüchtet bzw. eingetrichtert bekommen, könntest du ohne irgendwelche Unterstützung sofort das Nachdenken sein lassen, in die Stille gehen und einfach nur atmen.

**Hinweis:**

---

**Diese bildliche Vorstellung mit dem kleinen Männchen, welches von deinem Kopf aus bis in dein Herz hinunter läuft, ist nur *eine* von Millionen Möglichkeiten. Sage ich hier „Millionen", begrenze ich die Möglichkeiten, denn *es sind wesentlich mehr* als unendlich viele. Es geht lediglich darum, sich auf irgendeine Art und Weise vorzustellen, wie sich dein Herz öffnet. Ob du nun in ein Haus hineinläufst, das eine Herzform hat oder vor dem ein Schild angebracht ist, auf dem das Wort *Herz* geschrieben steht – bleibt dir selbst überlassen. Ich finde die Übung, die ich als Beispiel angegeben habe, deswegen so schön, weil dadurch das Kind in uns wieder lebendig wird.**

**Für die, die nicht so tolle Kindheitserinnerungen haben, kann auch irgendeine andere Vorstellung anstatt der von mir genannten verwendet werden: Lass einen Regenbogen mit all seinen leuchtenden Farben in dein Herz münden. Lass Knospen zu Blüten erblühen. Lass Hunderte von Engeln ganz sanft das Riesentor deines Herzens öffnen. Stell es dir in allen Feinheiten, Farben, Gerüchen, Lauten und Emotionen vor – und mit etwas „Training" wirst du dich wundern, wie sehr dein Herz es dir dankt. Indem es beginnt, lebendig zu werden. Es gibt Wärme ab, kann Hitze ausstrahlen, kann sich in sich bewegen und noch vieles mehr. Wage das**

**Experiment und öffne dein Herz – denn es ist das Tor zur Welt, welches dir neue Horizonte öffnen wird. Dort werden *Wünsche* wahr und *Wunder* werden zu *Wirklichkeit.* Diese drei „W's" warten nur darauf, endlich in dein Leben einzutreten. Der Zugang zu deinem Herzen ist die offizielle Einladung dafür.**

Spürst du anfangs gar nichts, fahre mit der Vorstellung einfach fort. Auch wenn du es dir nicht gut vorstellen kannst oder gar nichts spürst – *es funktioniert.* Ich kann dir nur aus eigener Erfahrung sagen, dass es einige Male braucht, um den Zugang zu dir zu schaffen. Lass dich von deinem Verstand nicht entmutigen, wenn er zu dir sagt: „Ich spüre nichts. Das geht nicht. Bei dir klappt das nicht. Das kannst du nicht." Jeder Mensch kann es, nur der Verstand sicher nicht! Lass ihn einfach denken – er darf das. Beachte ihn nicht und vertraue darauf, dass schon nach kurzer Zeit verschiedenste Wahrnehmungen spürbar sein werden. Wenn du möchtest, lass diese Übung für einen gewissen Zeitraum zur Gewohnheit werden. So, wie du deine Zähne Tag für Tag putzt. Hast du Spass daran, deine Zähne zu putzen? Viele von uns tun es in erster Linie ja nur deshalb regelmässig, damit ihre Zähne nicht kaputt gehen. Ist es dir egal, dass dein Herz kaputt geht? Nein? Das ist ja schon mal ein ganz guter Ansatz.

Als biologisches Organ ist dein Herz das Zentrum deiner körperlichen Hülle. Als energetisches Organ ist es das Chakra, welches das Zentrum deiner Seele bildet. Es gibt ein Basis- bzw. Haupt-Chakra – das *Ich-Bin-Chakra* – über das sich alles definiert – *und das ist das Herz.* Aus dieser Ebene heraus ist es uns möglich, das Wollen erst gar nicht mehr in den Vordergrund treten zu lassen, sondern es durch „das Geschehenlassen" zu ersetzen. Die Leser, die den Zugang zu ihrem Herzen bereits nutzen, sollten das weiterhin auf ihre Art und Weise tun. Vielleicht gefällt dir ja auch die vorgegebene Übung. Spür einfach mal rein und entscheide dich dafür, worin du dich besser aufgehoben fühlst.
Wie bereits gesagt: Es spielt keine Rolle, wie du es machst – sondern, dass du dich darin wohl fühlst. Es spielt in allem keine Rolle, wie du etwas tust. Ein spürbarer oder sichtbarer Erfolg kann sich jedoch nur

dann einstellen, wenn es auch aus dieser einen Ebene heraus geschieht. So, und jetzt noch ein bisschen Geografie und Sprachunterricht. Dein Verstand versucht auf Französisch dem deutsch sprechenden Herzen etwas zu erklären. Kommt dir das nicht auch etwas spanisch vor? Irgendwie finden die zwei nicht zusammen. Sie haben wohl beide andere Schulen besucht. Es ist, als ob die Nacht den Tag treffen möchte, um mit ihm gemeinsam ein Glas Wein zu trinken.

Sagte der Chinese zum Deutschen: Chi chang feng zang.
Sagte der Deutsche: Wie bitte? Ich verstehe dich nicht.
**Ganz klar, sie sprechen auch verschiedene Sprachen.**

In England werden dich auch nicht alle verstehen – also sprichst du eine andere Sprache, damit man dich versteht. Damit das Leben dich versteht, solltest du dir deine „Ur-Sprache" wieder aneignen. Diese definiert sich ohne Worte über ihr emotionales Sein. Diese Ur-Sprache hat die Kraft, Menschen über die feinstoffliche Ebene zusammenzuführen. Wir verbinden uns über eine elektromagnetische Seelenverbindung, Programme und Codierungen mit „Gleichgesinnten". Das hat zur Folge, dass du die Möglichkeit nutzen kannst, dich mit anderen Menschen und Gruppen zusammen zu schliessen. Aus dieser Gemeinschaft heraus können irdische Projekte zum Wohle der Menschheit und Mutter Erde entstehen und verwirklicht werden. Erst wenn wir lichtbewusst leben, können lichtvolle Wesen durch uns wirken. Sie können uns in allen Vorhaben und Projekten unterstützen und so kann ein Teamwork aller Seelen entstehen. Wagen wir das Experiment, endlich das zu sein, was wir sind: *nämlich wir „selbst"* – mit Menschen zusammen, die bereit sind, sich den neuen Energiefeldern zu öffnen.
In Verbindung mit der kristallinen Energie wird Liebe fliessen, die zum Ausgleich aller Energiefelder in interdimensionaler Form einfliesst, heilend auf das gesamte Planetenbewusstsein wirkt und die neuen Energiefelder der Zukunft kreiert, stabilisiert und integriert.

So sei es ✚ So ist es

## Einleitung:
## Wie kann ich mich von meinem Verstand distanzieren?

Dieses Kapitel ist anstrengend. Sehr anstrengend! So anstrengend, wie es auch dein Verstand sein kann. Immer wieder dieselben Wiederholungen und dieselben Wörter. Wenn du es gelesen hast, wirst du merken, wie mühselig sich hier dein Verstandesverhalten widerspiegelt, und wie mühsam dein Leben in gewissen Abschnitten deshalb auch verlaufen kann. An dieser Stelle wäre hier „eigentlich" das nächste Kapitel vorgesehen gewesen, aber wie sich auch dein Denken ständig dazwischen drängelt, so ziehe ich nun das Verstandesthema vor. Es zwängt sich *jetzt* dazwischen, damit du dich im nächsten Kapitel in einem harmonischen Einklang wieder finden kannst. **Augen *auf* und durch.**

**Du sollst und kannst die Situation nicht ändern. Denn die Situation wird sich automatisch ändern, wenn du deine Sichtweise dazu änderst. Deine momentane Situation entspricht deiner momentanen Seins-Ebene.**

Kommen wir nun zum dümmsten aber sehr hilfreichen Teil, den wir haben: zu unserem Verstand. *Verstehe* mich nicht falsch, ich meine mit *dumm* natürlich nur die begrenzten Möglichkeiten, die er hat. Er ist sehr beschränkt in dem Rahmen, in dem er sich bewegt, versucht sich aber in Dingen, die er nicht kann. Wenn du mit dem Verstand versuchst, Dinge zu verstehen, die die emotionale Ebene betreffen, verhält es sich so, als würdest du versuchen, einen Literkrug mit Kubiklitern von Wasser zu füllen. Es ist so, als versuchtest du, mit einer Eiswürfelmaschine dein Obst zu entsaften. Es hat eben alles seinen bestimmten Anwendungsbereich und es ist *nichts ausser dem Herzen* uneingeschränkt einsetzbar. Der Verstand meint, alles zu wissen. Er kann nur das wissen, was er sich angeeignet hat oder besser gesagt, er kann nur das wissen, was du in ihn einprogrammiert hast. Nicht mehr und nicht weniger. Er sollte dort bleiben, wo er ist und sich mit dem brüsten, was er kann – *mit seinem Denken.* Und um ihn nur für das Denken und nicht für das Nachdenken zu verwenden, gibt es auch hier Möglichkeiten, ihm seinen Platz zuzuweisen. Dein Verstand braucht einen ihm zugewiesenen Platz und einen „Führer", so wie ein

BUCH TIPP!

Eine Geschichte,
die die Seele
heilt.

# ÄNIGMATA

Vom Raum
hinter den Dingen
der Welt.

Madita sehnt sich nach dem, was sich ein jeder Mensch wünscht. *Friede, Freiheit, Liebe.* Ein innerer Drang ermuntert sie, auf eine Reise zu gehen. Das Ziel dieser Reise ist ein ashram, der hier bewusst klein geschrieben wird, weil es Madita peinlich ist, Menschen nach diesem ashram zu fragen. Mit Witz und Charme, klar und erweckend gestalten sich Begegnungen und Erlebnisse auf dieser Reise, bei der es auch ohne Erreichen des Ziels, ein Ankommen gibt. Wäre da nur nicht das Dilemma des hartnäckigen Denkens, das ihre ohnehin ereignisreiche Zeit, noch spektakulärer gestaltet.

WELTNEUHEIT: Fotoroman

Gebundene Leinen-Ausgabe
680 Seiten bebildert,
mit über 80 Fotos.
Edition Lichtland
ISBN: 978-3-942509-08-4
VKP: € 24,80

Marion Musenbichler

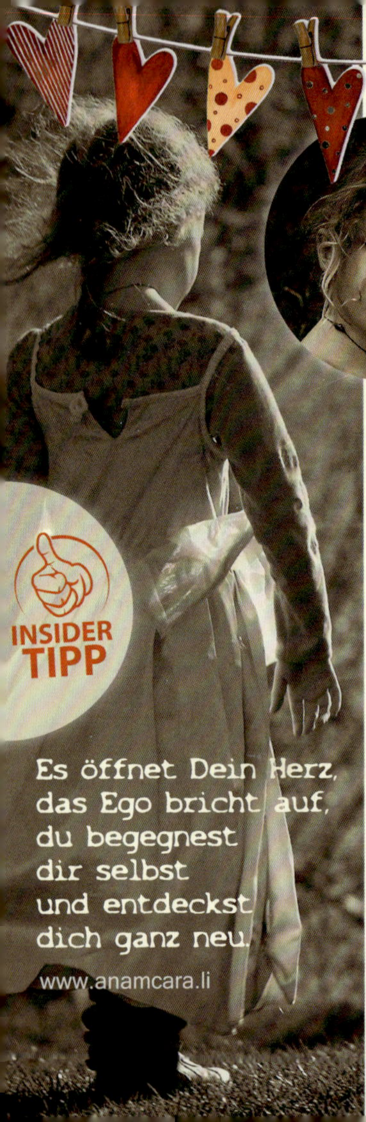

Als Madita noch am selben Tag ihrer Abreise einem ganz besonderen Buchhändler begegnet und ein kleines Mädchen namens Marie ihr Herz erobert, folgt der anfänglichen Misere eine unerwartete Wende. Madita will bis an ihre Grenzen gehen und wenn möglich, weit darüber hinaus. Wenn Du dieses Bedürfnis mit ihr teilst, kann auch Dein Abenteuer beginnen, bevor die Suche für immer endet.

Eine zauberhafte Geschichte, die zu Tränen rührt und zum Lachen bewegt - voller Hoffnung und Poesie. Sie deutet an, was das Menschenherz bewegt und fasziniert.

ÄNIGMATA ist eine Begegnung mit sich selbst, voller Natürlichkeit, Emotionen und Freude. Du liest es und eine tiefe Klärung vollzieht sich.

ÄNIGMATA will weder überzeugen noch belehren, es verweist auf etwas Tieferes, das allem innewohnt. Niemand kann richtig oder falsch, besser oder schlechter leben, denn es gibt so viele Wege zu Gott, wie es Seelen auf Erden gibt.

*THE END* (has never been)

Hund. Also werden wir ihm jetzt zeigen, wie wir ihm Schritt für Schritt Manieren beibringen – indem du ab sofort die Führung übernimmst.
Einige werden hier sagen: „Aber ich muss ja denken!" Ja, denken musst du, ganz klar, **nur Denken ist nicht Nachdenken** und Letzteres wollen wir jetzt kürzer halten, um uns nicht weiterhin der Fülle des Lebens zu entziehen. **„Wähle deine Gedanken und lasse dich nicht von deinen Gedanken beherrschen."**

Mein Denken kann ich nicht einfach so abschalten. Das Denken ist immer da. Die Frage ist nur, welche Bedeutung ich ihm beimesse. Wenn du plötzlich einen Gedanken hast, kannst du ihn nicht mehr filtern. Du kannst nicht sagen: „Aha, jetzt ist ein Gedanke da. Jetzt entscheide ich, ob ich in diesen Gedanken eintauche oder nicht." Wenn ein Gedanke kommt, lässt du dich seit jeher automatisch auf ihn ein. Weil du es gewohnt bist, über das nachzudenken, was dir dein Verstand so vorgibt. Dein Kopf hat alle Macht über dich, denn alle Gedanken, die kommen und gehen, geniessen deine volle Aufmerksamkeit. Jetzt kann ich nicht einfach zu dir sagen: „Lass das Denken sein.", ohne dir eine Möglichkeit anzubieten, wie das auch funktionieren kann; oder besser gesagt, wie du dort hingelangst, um das Denken abzufangen und das Nachdenken sein zu lassen."
Der Schwerpunkt liegt vorerst darin, diese kleine Zwischenstufe zwischen dem ersten Gedanken und dem Nachdenken selbst abzufangen. Es geht darum, diese kleine Lücke zu erfassen, damit du selbst entscheiden kannst ob, oder ob du nicht über etwas nachdenken willst. Das ist auf Anhieb aber gar nicht möglich, da du ja in der Illusion lebst, zu glauben, dein Verstand zu sein. Ausserdem ist die Vielzahl der Gedanken so massiv, dass du von einem Impuls in den nächsten übergehst. Kurz gesagt: ein wildes Durcheinander. **Du bist, was du denkst.** Es denkt in dir und du gibst jedem Gedanken Raum, egal ob er dir passt oder nicht. Du lädst jeglichen Gedankenmüll zu dir ein und heisst ihn auch noch herzlich Willkommen. Du lässt dich durch alle Impulse, die in deinem Kopf so stattfinden, runterziehen. Du verschwendest Energie. Du gibst dem Gedanken diese Macht *freiwillig*.

Um diese berühmte Lücke zwischen „auftauchendem Gedanken" und „in den Gedanken eintauchen" zu erfassen, ist es vorerst wichtig, das Gefühl zu entwickeln, dass ich nicht mein Verstand bin. Würde ich dir jetzt alles an den Kopf werfen, was du heute gedacht hast, würdest du weiss Gott was mit mir machen. Auf alle Fälle würdest du dir das ganz sicher nicht gefallen lassen.
Der Verstand beleidigt dich, erniedrigt dich, stellt dich in Frage, zieht dich runter, lässt dich zweifeln, macht dich klein und noch vieles mehr. Genau so könntest du auch empfinden, wenn ich dich mit deinen Gedanken konfrontieren würde.

### Werkzeug 2: Das Denken reduzieren

Stell dir vor, ab morgen kommt ein Austauschschüler zu Besuch. Du machst dir ab morgen – für einen Zeitraum von zwei Monaten – ein Kreuzchen in den Kalender, denn genauso lange solltest du diese Übung „durchziehen". Du kannst diesen Austauschschüler nicht sehen, aber er ist da. Er existiert in deiner Vorstellung. Du hast seinen Eltern versprochen, gut auf ihn aufzupassen. Wenn du eine Hauptrolle in einem Film bekommst, kannst du bei Drehbeginn auch nicht einfach am Set auftauchen, ohne das Drehbuch gelesen zu haben. Sieh es als Spiel, als eine Art Rolle, die du dir selbst zuteilst.
**Du gehst mit deinem Verstand in Kommunikation, das heisst du unterhältst dich mit ihm gedanklich – wie mit einem Kumpel.** In diesem Falle redest du mit deinem Schüler und du „sprichst" mit ihm bei allen unnötigen Gedanken, die einfach so da sind. Du wirst bald merken, es werden nicht viele „notwendige" Gedanken übrig bleiben. Bei jedem Gedanken, der dich runterzieht, dich belastet, dich zweifeln lässt und dich nachdenklich stimmt, gibst du deinem Austauschschüler eine Antwort. Es geht nicht um den Gedanken selbst, sondern darum, sich überhaupt Gedanken zu machen. Gedanken sind einfach da, das kann ich nicht lenken. Aber mir ständig *freiwillig* über etwas Gedanken zu machen, abzuschweifen und mich ständig im Aussen aufzuhalten, das kann ich mit etwas Übung bewusst steuern.

Du stehst früh morgens auf und sofort überfallen dich deine

Gedanken. Dann entgegnest du z.B.: „Was machst du schon in meinem Zimmer? Geh mal dein Bett machen. Ich geh' jetzt erst mal duschen, damit ich wach werde." Am Frühstückstisch geht es weiter. Allen Gedanken, die du bewusst wahrnehmen und filtern kannst (es wird dir am Anfang nicht bei allen gelingen) antwortest du, als ob du ein Gespräch mit deinen Gedanken führen würdest – in diesem Falle also mit deinem Austauschschüler. Deine Antworten werden lustig, humorvoll, einfallsreich, emotional und bestimmend sein. Nicht abwehrend und lieblos, sondern sehr wohl mit dem Nachdruck, *dass ab jetzt du "die Hosen anhast".*

„Erzähl das dem Nachbarn!", „Das interessiert mich nicht.", „Geh mal den Keller aufräumen!", „Bist du immer noch nicht fertig?", „Ich hab' dich nicht gerufen.", „Ich rufe dich, wenn ich dich brauche." usw. Als ich damit begonnen habe, mich mit meinem Verstand zu unterhalten, war wie jeden Abend der gleiche Gedanke da, dessen ich mir bis dahin gar nicht bewusst war: „Geh jetzt ins Bett, sonst kommst du morgens nicht raus!" Ich entgegnete jedes Mal mit derselben Antwort: „Alles klar, geh schon mal schlafen. Ich bleib' hier sitzen."

Ich vergesse nie, als ich das erste Mal das Männchen in mein Herz hineinlaufen liess. Schon war mein Verstand da und geriet in hellen Aufruhr. Und welchen Aufstand er gemacht hat! Kaum hatte ich es mir vorgestellt, kamen auch schon folgende Gedanken: „Du kannst das nicht! Bei dir geht das nicht! Du spürst das nicht!". Tolle Gedanken! Sehr förderlich und vor allem so hilfreich! Grosse Unterstützung.
Wenn ich soeben mein Herz geöffnet hatte und der Verstand schon wieder dazwischenfunkte, zweifelte ich – weil er mich wieder einmal vom Gelingen abbringen wollte. „Für das bist du zu dumm und zu blöd." Passende Antwort: „Du kannst nichts ausser denken – misch dich nicht ein!"

Der Verstand kann echt mühsam sein. Das Motto heisst, sich nicht davon abbringen zu lassen. Jahrelang haben wir uns bevormunden und dazwischenreden lassen. Aber jetzt ist Schluss damit. Das letzte Wort hast ab jetzt *du.* Es reicht. Aus. Schluss. Amen.

So, und wenn du das so beschliesst, kannst du mal sehen, wer der Stärkere ist. Ausdauer ist hier gefragt. Anfangs behält der Verstand vielleicht noch die Oberhand, aber dein Vorhaben wird gelingen, wenn du dich nicht davon abbringen lässt.

Ich hatte einmal während einer telefonischen Sitzung ein lustiges Erlebnis. Ich war es gewohnt, während des Gesprächs und während der „Seelen-Transformation" immer in meinem Büro zu sein. So sass ich während des Gesprächs einmal ausnahmsweise in meinem Wohnzimmer auf der Couch und hatte das Vorgespräch soeben beendet. Ich schloss die Augen und war gerade dabei, kurz in die Seele des Anrufers einzutauchen. Da kam mein Verstand und sagte: „Das was du machst, funktioniert nur im Büro. Das geht im Wohnzimmer nicht. Das geht nur im Büro, also geh jetzt ins Büro!" Ich fing an zu lachen und nahm diese Gedanken gar nicht ernst. *Trotzdem* war mein Verstand da und er holte mich unweigerlich auf seine Ebene zurück. Ich entgegnete: **„Ich nehme dich liebevoll an und lasse dich sein."** Das ganze wiederholte ich einige Male. Die Gedanken neutralisierten sich dann sehr schnell.
Wenn du aber versuchst, den Gedanken loszuwerden, hältst du dich auf dieser Ebene gefangen, aus der heraus du gar nichts erspüren und schon gar nichts bewirken kannst. Wäre ich in diese Gedanken eingetaucht, hätte ich eine halbe Ewigkeit darüber nachgedacht, was in meinem Wohnzimmer nicht optimal ist und warum es im Büro besser funktionieren sollte. Auf dieser niedrigen Schwingungsfrequenz des Denkens können Licht und Liebe nicht fliessen. Es gibt einen Stillstand.

Anfangs hatte ich ständig das Problem, während ich mich dem Gespür hingab, mich immer wieder in diesen lästigen Gedanken wiederzufinden: „Du musst noch E-Mails beantworten. Vergiss nicht den Brief! Du musst noch dies, du musst noch das!" Ich kann mich noch erinnern, als ich versuchte, diese Gedanken mit Gewalt loszuwerden. So gab ich ihnen immer mehr Raum, weil ich mich dann erst so richtig um sie kümmerte. Immer wieder fand ich mich im Gegen-Gedanken wieder: „Weg da! Weg damit. Ich darf nicht denken! Wie werde ich diese Gedanken los?" Dann geht natürlich gar nichts mehr.

Irgendwann begann ich damit, immer, wenn Gedanken aufkamen, den bereits oben erwähnten Satz zu verwenden und wie folgt zu entgegnen: „Verstand, ich nehme dich liebevoll an und lasse dich sein.“ Nach ein paar Mal war ich regelrecht verwundert, dass im “Oberstübchen“ plötzlich Ruhe einkehrte. Es wurde still. Es wurde so still, dass ich mich anfangs sogar dabei ertappte, dass ich nun darüber nachdachte, wie das jetzt wohl funktioniert hat. Wo die vielen Gedanken jetzt wohl hin verschwunden waren? Bald darauf folgte die Abkürzung: „Lass dich sein. Lass dich sein. Lass dich sein.“
Wenn du jetzt nicht darüber nachdenkst, sondern es einfach nur tust, wenn dich das Denken übermannt – wirst du sehen, wie einfach es ist. Nur nicht ärgern, nur nichts erzwingen. Einfach am Ball bleiben und mit deinen Gedanken „quatschen“ – ohne Ende, bis zur bitteren Neige. Es wird sich lohnen, denn rasch wird sich eine *stille* Veränderung einstellen.

Wenn du dich ablehnst – weil es nicht geklappt hat, weil du darauf vergessen hast, oder weil es dir so schwer fällt – lehnst du dich schon wieder für etwas ab und diese Energie richtet sich *wiederum* gegen dich. Es wird einfach, indem du *„Ja“* zu dir sagst, auch wenn es nicht so funktioniert, wie du es *gedacht* hast. Mach es immer dann, wenn du daran denkst. Wenn du darauf vergisst oder keine Lust dazu hast, dann steh dazu.
Egal, wie bereits erwähnt, gibt es ja keine Vorschriften, Anleitungen und Richtlinien. Es gibt immer nur Möglichkeiten und du hast jederzeit die Möglichkeit, eine Wahl zu treffen. Triffst du die Wahl, etwas zu tun, ist es okay! Triffst du die Wahl, etwas nicht zu tun, ist es auch okay! Mach was du fühlst, bist und spürst, aber setz dich niemals unter Druck, *denn dann erdrückst du dich selbst.* Liebe und akzeptiere dich dafür, *wie du jetzt gerade bist* und *du lebst*: Vollkommenheit.

Da der Verstand aber ein sehr hartnäckiger Kumpel ist, der seine Berechtigung hat, immer da sein zu dürfen, gilt es, konsequent zu sein und deine guten Vorsätze so gut wie möglich durchzuziehen. Rede mit deinem Verstand. Immer wieder. Gib ihm Antworten. Hab Spass dabei. Lache und tanze dabei – fühl dich einfach nur wohl.

Ich habe innerhalb der zwei Monate, in denen ich das konsequent angewandt habe, noch nie soviel *am Stück* mit mir selbst gelacht. Es hat echt Spass gemacht und je blöder die Gedanken waren, desto blöder fielen meine Antworten aus. Die waren echt *hollywood-reif*. So viel Müll kann einem nur einfallen, wenn man diesen – wie bereits gesagt – sich auch irgendwann einmal aufgeladen hat. Bring Energie und Schwung in die Sache: „Ich brauch' keinen Sklaventreiber und schon gar kein Kindermädchen – aus dem Alter bin ich schon herausgewachsen. Ich entziehe dir die Macht und beschliesse, *ab jetzt* das letzte Wort zu haben. So sei es."

Wie du jetzt sicher bemerkt hast, geht es nicht darum, sich mit deinem Verstand zu unterhalten, sondern darum, durch dieses Vorgehen langsam Distanz *zu ihm* zu entwickeln. Diese Distanz ist die Lücke, die ich vorhin erwähnt habe. Diese Lücke zwischen *auftauchendem Gedanken* und *in den Gedanken eintauchen* „abzufangen". Indem du dir vorstellst, mit jemandem zu sprechen, schaffst du Distanz. **Du entwickelst das Gefühl *„Ich bin nicht mein Verstand, sondern mein Verstand ist jemand anderes."*** Irgendjemand – ein Aussenstehender – nur ganz sicher nicht ich. Und somit entziehst du dich diesem tief eingeprägten Glaubenssatz: „Ich bin mein Verstand." Du bist eben *nicht* dein Verstand. Du bist deine Seele und hast *Werkzeug Körper* und *Werkzeug Verstand* mit auf den Weg bekommen. Den Körper, um dich zu bewegen und den Verstand, um zu denken. Du hast also einen Körper und einen Verstand, um existieren zu können und damit deine Seele auf der Erde Erfahrungen sammeln kann. Die Seele hat *in ihrem Ursprung* mit diesen beiden *nichts* zu tun, aber nutzt sie vorübergehend für ihr grobstoffliches Dasein.

Also, nun schaffst du Abstand zu deinem Verstand *durch die Hilfestellung der „Kommunikation"*. Die ersten paar Tage wird es vielleicht etwas mühsam sein – weil es dir auch nur bei ein paar wenigen Gedanken gelingen wird, weil du die meisten gar nicht filtern kannst und viele gar nicht getrennt wahrnimmst. Weil du Meister bist im Denken, und Tausende Gedanken kreuz und quer gehen – ein Durcheinander ohne Ende. Macht nichts. Beginne mit ein paar

Gedanken und freu dich jedes Mal darüber, wenn es dir gelingt. Mach es so, dass es mit einer Leichtigkeit geschieht und steigere dich jeden Tag. Wenn du es mal vergessen hast oder keine Lust dazu hast, dann setz dich wie bereits gesagt nicht unter Druck, sondern *bejahe dich* in dem wie du bist. Du darfst sein, wie du bist und diese Hilfestellung wird dir dann eine sein, wenn du sie nutzen möchtest.
Der grösste „Feind" des Menschen ist neben dem Nachdenken ganz sicher die Gewohnheit - aber „schlechte" Gewohnheiten sind da, um sich diese abzugewöhnen. Also wenn du seit mehr als zwanzig, dreissig oder sogar vierzig Jahren ganz toll im Nachdenken bist, dann wird es Zeit, es nun kleiner zu halten, indem du dich darin übst, mit deinem Verstand zu plaudern. Du wirst sehen, es macht echt Spass.

*Während ich so dasitze und schreibe, kommt mir ein Gedanke, der mich laut auflachen lässt. Stell dir mal vor, es würde einen Wettbewerb im Denken geben, und der Beste würde gewinnen. Ich würde dir einen Tipp geben und dir raten, Pokale herzustellen – du würdest ein gutes Geschäft damit machen. Wir hätten Milliarden erste, Milliarden zweite und Milliarden dritte Plätze. Zehn Prozent der Menschen wären in der Rangliste weit hinten, ein Dazwischen würde es nicht geben. Ich stelle mir gerade alle ersten, zweiten und dritten Plätze auf einem Podest vor – würden alle nebeneinander stehen, würde das hunderttausend Mal um die Erde reichen.*

Diese Zurücksprech-Übung wird natürlich immer einfacher, wenn du mal deinen „ersten Gedanken" bewusst abgefangen hast, um zu entscheiden, ob du so einen Müll überhaupt denken willst – dann bist du schon beim nächsten Schritt angelangt. Dann kannst du nämlich jedes Mal sagen: „Danke, ich setze mich lieber mit der Realität auseinander." oder „Ich mag mich nicht in der Illusion aufhalten. Ich denke an das, was mir Spass macht!" Du hast immer die Wahl, das zu denken, was du denken möchtest. Warum denkst du also nicht an Dinge, die dir gut tun? Ein Phänomen. Wenn es dir nicht gut geht, denkst du darüber nach – was passiert, wenn es noch schlechter wird – anstatt darüber nachzudenken, was du tun würdest, wenn es dir wieder besser geht.

Wenn du seit – sagen wir mal – fünf Jahren „nicht mehr nachdenken" würdest, und ich würde zu dir sagen „Setz dich hin und denk mal darüber nach, was passiert, wenn du morgen pleite bist.", würdest du mir wahrscheinlich Folgendes zur Antwort geben: „Bin ich blöd?! Warum sollte ich? Es ist mir zu schade um die Zeit. Da bekomme ich Kopfweh. Warum sollte ich überhaupt darüber nachdenken, was sein könnte oder was nicht? Sinnlos!" Ja, ganz klar, es ist nur, weil du es immer schon so gemacht hast. Würdest du es aber schon immer anders herum gemacht haben, wäre diese Vorstellung erst gar nicht möglich. Also sind wir wieder bei einem unserer Handicaps angelangt - bei der Macht der Gewohnheit.

Irgendwann wird es dann noch einfacher als einfach. Es verhält sich so, wie es das Tao besagt: *Das Denken beobachten.* Grosse Worte, deren Umsetzung nur ganz wenigen von uns gelingt. Ich würde sagen, *das Denken hat keinerlei Bedeutung mehr,* weil du ihm so keine Aufmerksamkeit mehr einräumst.
Das kann man sich so vorstellen, als würde im Hintergrund ein Fernseher laufen und du hörst nicht hin. Du hörst zwar, was gesprochen wird, aber es ist weit weg und *erscheint etwas „verschwommen"*. Es interessiert dich ja auch nicht unbedingt, was da so alles geredet wird. Hat ja mit dir nichts zu tun. Das, was im Fernseher gesprochen wird, hat genauso wenig mit dir zu tun, als das, was in dir so gesprochen wird. Du fühlst dich zu deinen Gedanken aber mehr hingezogen, nicht weil du glaubst, dass sie für dich gut und wichtig sind, sondern, weil du es nicht besser *weisst*. Also ersetze das Wissen durch das Spüren und unternimm was dagegen. Denn dein Gefühl merkt, dass dir das viele Denken nicht gut tut. Das „da oben" sollte dich nicht interessieren. Es verschwimmt dann, wenn du es nicht mehr kontrollieren willst und ihm keine Bedeutung mehr beimisst.

Die Seele hat ihre Existenz im Sein.
Du denkst: Ich weiss.

Die einzige Aufgabe der Seele ist, sich selbst zu erfahren, in absoluter Freude zu leben und sich zu lieben, wie sie ist.
Du denkst: Ich weiss.

Mensch sollte das Denken sein lassen.
Du denkst: Ich weiss.

Mensch sollte sich jeden Moment in voller Hingabe wieder finden und seine Achtsamkeit stets auf sich selbst richten.
Du denkst: Ich weiss.

Selbstzentrierung ist das einzige Wort für die „Lösung“ meiner vermeintlichen „Probleme“.
Du denkst: Ich weiss.

Ja, wenn du das alles weisst: Warum lebst du es dann nicht?
Warum bist du nicht selbstzentriert, glücklich, zufrieden und angekommen?

Du weisst, dass es weh tut, wenn du dir mit dem Hammer auf die Hand schlägst. Deshalb tust du das nicht. Du weisst auch, dass die Lösung im Herzen ist und du bleibst trotzdem weiterhin auf der Ebene des Verstandes. Eigentlich verrückt! Ja, natürlich „eigentlich“ verrückt. Wir sind *ver-rückt*. Das Wort „eigentlich“ entspricht ja auch dem Wortschatz des Verstandes, der Komplementärebene des Herzens. Ich bin vom Herzen in den Verstand *ver-rückt*. Ganz einfach. Wenn jemand zu dir sagt "*Eigentlich* sollte es klappen.", dann ist er überzeugt davon, dass es nicht klappen wird. Und wenn jemand sagt "*eigentlich* finde ich meinen Job toll.", heisst das, dass sein Job grauenhaft ist. „Eigentlich“ heisst, dein Verstand muss ihn ja toll finden, denn du gehst ja nicht nach deinem Bedürfnis, sondern du bleibst in der Sicherheit deines Denkens – *die er glaubt haben zu müssen,* um diesen trostlosen Job aufrecht zu erhalten.
Die „Ich weiss“-Falle besteht nicht nur aus diesen zwei Worten. Es ist das, was dahinter steht. Das Ego, der Verstand. Es ist nicht nur dieser Gedanke „Ich weiss ja alles.“. Es erscheint dir ab und zu vielleicht anmassend, etwas gesagt zu bekommen, das du scheinbar schon weisst. „Na so was, ich weiss ja alles!“ Ja, sicher weisst du alles, weil jedes Lebewesen das gesamte Wissen in sich abgespeichert hat, aber das bringt dir nicht viel, wenn du nicht hinhörst und nicht erkennst,

warum du immer auf dieselben Themen aufmerksam gemacht wirst. Was du im Kopf weisst, bringt dich also in deinem Herzen nicht weiter oder besser gesagt, *es bringt dich deinem Herzen nicht näher.*
Wie oft hörst du etwas, das du nicht hören willst? Wenn dem so ist, hast du die Möglichkeit, daraus die Erkenntnis zu *filtern,* was dir das Leben durch eine Person mitteilen möchte. Nimm es dankbar an. Egal, was dir das Leben dadurch sagen möchte – wenn du erkennst, dass deine Reaktion nach aussen lediglich deinen inneren Schwachpunkt widerspiegelt, kannst du das Thema ablegen. Es ist ja da, um erkannt zu werden. Nicht: „Hilfe, jetzt habe ich wieder dies und das falsch gemacht!". Du kannst nichts falsch machen! Du – *dein Verstand* – hast nur *geglaubt,* etwas falsch gemacht zu haben. Du hast lediglich eine Erfahrung durchlebt. Also hast du sie hinter dir gelassen und durch deine neue Erkenntnis hat sie sich – *hat es sich* – in sich gewandelt. Jetzt weisst du, wie es nicht funktioniert und kannst dich darauf freuen, den Gegenpol zu erleben.

**Folgst du dem Verstand – dem Nachdenken – dann lebst du in der Leere, im Nichts, in deiner Illusion – die Armut, Krankheit und Unzufriedenheit nähren. Diese uns eingeprägte Sichtweise, bedeutet: in einem Mangel zu leben. Die mangelhafte Gedankenstruktur programmiert Köperzellen um und nährt körperliche Defizite. Der Mangel, in dem wir uns bewegen, entspringt dem unaufhörlichen Gedankenfluss und bedeutet somit Mangel auf allen Ebenen.**
Vielleicht sagst du jetzt „Toll, diese Übung klingt einfach. Die setz ich doch gleich mal um!" Wenn du das denkst, ist dein Verstand wirklich etwas bescheuert. Denn er bemerkt gar nicht, dass du ihn beiseite schieben möchtest. Er kann denken, nachdenken, erinnern; ansonsten kann er gar nichts. Vergleiche den Verstand und dein Herz mit zwei Kühlschränken. Einer ist bis oben hin gefüllt, so dass er „aus allen Nähten platzt" und im anderen Kühlschrank liegt eine verschrumpelte Tomate – sonst nichts. Für welchen Kühlschrank würdest du dich entscheiden?
Also möchtest du dich weiterhin auf deinen Verstand reduzieren, oder ab sofort die Fülle deines Herzen nutzen?

Wir waren oder sind alle auf der Suche und immer wieder haben wir versucht, durch Anleitungen in Büchern, durch Affirmationen, in Vorträgen etc. über den Verstand etwas zu begreifen. Uns wurden *für die eine Frage*: "**Was muss ich tun, damit es mir gut geht?**" Hunderte von möglichen Lösungen präsentiert. Im Kopf ging bei jeder in Frage kommenden Möglichkeit eine Glühbirne an. Man glaubt auch heute noch jedes Mal, *nun hat es „Klick" gemacht.* "Wenn ich dies mache, dann geht es mir besser und wenn ich das mache, kann ich meine Situation verändern. Wenn ich es so mache, läuft alles wie am Schnürchen und vielleicht klappt es nun auf die andere Art und Weise." **Aber wer sagt denn überhaupt, dass das Leben, welches ich als unangenehm empfinde, so wie es jetzt ist, „schlecht" ist?** Die Feststellung, dass es mir nicht gefällt ist ja nur meine Meinung und hat *mit der Situation an und für sich* – überhaupt gar nichts zu tun.

**Meine Seele möchte alle Facetten durchleben und in diesen gibt es kein gut oder schlecht.** Sie sind, wie sie sind und wollen lediglich *erlebt* werden. Habe ich sie durchlebt, lösen sie sich von selbst. Das heisst wiederum, dass es hier keine Lösung gibt, **weil eine Veränderung der Situation im Aussen nie die Lösung sein kann.** Indem ich alles durchlebe, wie es ist, „integriert" sich alles. Für unseren Verstand heisst das automatisch: Es ist „gelöst"– futsch – weg. Ja, und wo ist es denn jetzt? Was passiert, wenn es integriert und durchlebt ist? Es ist und bleibt ein Teil von uns. Aber durch das öftere *emotionale Erleben* hat die Seele diese Erfahrung nach einiger Zeit satt und legt diese Erfahrung *in sich* ab. Sie braucht sie nicht mehr. Und dann steigen wir auf, wie auf eine Leiter oder auf ein „Siegerpodest"– Treppchen für Treppchen. Glauben wir! Das ist der nächste Trugschluss, mit dem uns unser Verstand schon wieder in die Irre führt. Wir befinden uns immer noch auf einer von vielen Stufen (in einer Situation oder in einer Emotion), weil jede Stufe alles in allem beinhaltet. **Egal, auf welcher Stufe wir stehen – indem wir *genau diese und jede weitere* Stufe bejahen, haben wir wirklich einen Fortschritt gemacht. Der Fortschritt ist, es wahrzunehmen, dass wir *auf jeder Stufe* die Erfahrung in dieser erkennen, indem wir die Situationen und Emotionen akzeptieren, wie sie sind – uns auf jeder**

**Stufe freuen, dort sein zu dürfen – weil jede Stufe einzigartig ist.** Weil es ein Geschenk ist, genau diese eine Situation zu erfahren – auch wenn sie uns absolut „gegen den Strich geht". Wir sind einmal oben und einmal unten – na und?! Oben ist unten und unten ist oben, weil alles gleichwertig ist.
Es ist doch toll, so vielfältige Erfahrungen sammeln zu dürfen. Begrenzen wir uns, indem wir nur nach oben wollen und uns nur dort wohl fühlen, ist es nicht möglich Ganzheit zu leben – ganz zu sein. Wir sind nicht vollständig. Du gehst an einem Tag in ein fünf Sterne Restaurant essen und am nächsten Tag zur Imbissbude um die Ecke. Nun, was ist besser? Beides kann toll sein, wenn ich mich – in dem Moment in dem ich mich dort befinde – einfach nur wohl fühle. **Die eingeschränkte Sichtweise, uns nur an *einem* Ort, in *einer* Situation oder bei *einem* Menschen wohl zu fühlen, lässt uns in einem Mangel leben. Unsere Sichtweise macht uns zu dem, was wir sind.**
Genauso verhält es sich bei den Menschen. Wie auch immer sie sich darstellen, wie auch immer sie uns gegenübertreten: es ist nur der äussere Schein. Sie sind, wie sie sind. Wir sind, wie wir sind. Es ist, wie es ist. Und so ist es optimal. **Wenn du in der Finsternis, im Schmerz und in deiner Trauer das Licht erkennst**, kannst du alle Übungen über Bord werfen und dich freuen, dass es sich nun wandeln kann.

Dein Verstand ist wie ein Katalog oder wie ein Haus. Halte dich nur auf den Seiten oder in den Räumen auf, in denen du dich wohl fühlst. Finde dich dort wieder, wo es dir gefällt, ansonsten …
… blättere um, verlass den Raum – triff die Wahl. Du kannst deinem Verstand auch etwas vorsingen, wenn die Unterhaltung mühselig wird: „Lass dich sein, lass dich sein - lalalala - lass dich sein, lass dich sein." Wenn du dir jedoch lieber etwas vorstellst, kannst du auch Bilder dazu verwenden, um den Verstand kürzer zu halten. Jedes Mal, wenn du gedanklich abschweifst, kannst du folgende Bilder nutzen, um den Verstand auf ein Minimum zu reduzieren:

**Hinweis:**

---

Du ärgerst dich z.B. gerade über deine Freundin; bemerkst, dass du dich gedanklich bei ihr aufhältst und wieder einmal nicht bei dir bist.

Schliesse deine Augen und stell dir vor, du befindest dich mit einem Besen in der Hand in ihrem Haus (Stell dir einfach ein kleines Häuschen vor, in dem du dich jetzt aufhältst). Dort kehrst du (am besten im unteren Stock oder in der Garage) mit viel Schwung und Elan *so vor dich hin* und bist ganz eifrig damit beschäftigt, dort für Ordnung zu sorgen. Plötzlich siehst du, wie deine Freundin aus dem Dachfenster guckt. Voller Schreck erkennst du, dass du dich im falschen Haus befindest. Somit wird dir bewusst: „Was tu' ich hier? Wohne ich hier? Nein. Geht mich das was an? Nein. Bekomme ich etwas dafür? Nein." Also wirfst du den Besen schnellstens in eine Ecke und läufst hurtig heimwärts. Du stellst dir vor, wie du in dein Herz hinein springst und es dir in einem Schaukelstuhl so richtig gemütlich machst. „Toll, wieder zu Hause zu sein!"(Kontrolliere von Zeit zu Zeit, ob du zu Hause – *ob du bei dir* – bist. Du kannst es dir nach und nach in abgekürzter Form vorstellen. Bei jedem Gedanken, bei dem du dich ertappst, lass einfach ein Männchen – dein Sonnenkind – in dein Herz rein springen, und spüre, wie du ohne abzuschweifen in ein Wohlgefühl gehüllt *bei dir zu Hause bist.*)
So, und jetzt? Jetzt hast du den Verstand immer wieder elegant verabschiedet und bist mit Hilfe dieser Vorstellung in die Selbstzentrierung gegangen, nur ...
... wäre da nicht der Ärger über dich selbst und dieses sch... Gefühl des „sich Ärgerns", welches dir noch immer die Kehle zuschnürt und dir die Luft zum Atmen nimmt. Dieses unangenehme Gefühl ist da und je länger es anhält, desto mehr drängen sich deine Gedanken wieder in den Vordergrund und mischen sich ohne Ende – immer und immer wieder – ein. Du fragst dich: "Was mach' ich jetzt?"

Die Antwort auf diese Frage findest du im nächsten Kapitel, ***Werkzeug drei***, wie du deine Emotionen und Gefühle durchlebst und Schritt für Schritt neutralisierst.

## Einleitung: Wie harmonisiere ich disharmonische Gefühle, „Lebenskrisen" und andere Unstimmigkeiten?

So, jetzt hast du Möglichkeiten bekommen, wie du deinen Verstand Schritt für Schritt reduzierst. Alles klar! Das ist toll. Wäre da nicht ein klitzekleines Problem, welches sich sofort in den Vordergrund drängt: Wohin mit meinen Emotionen?

Nun gut, jetzt hattest du z.B. gerade eine Auseinandersetzung mit deiner Arbeitskollegin, mit Hilda, und danach übermannt dich ein Gefühl der Traurigkeit. Du fühlst dich unverstanden, und diese Situation stimmt dich traurig. Ob du nun willst oder nicht, du fühlst einfach nur Traurigkeit. Jetzt kommt dein Verstand und sagt: „Huch, schon wieder diese Traurigkeit!" Jetzt kannst du sagen: „Lieber Verstand, das interessiert mich herzlich wenig, was du hier so von dir gibst. Ich möchte mich jetzt nicht mit dir auseinandersetzen. Ich denke jetzt an etwas, das mir Spass macht. Und Tschüss!" Kaum zurück gedacht, kommt schon wieder der Verstand und sagt: „Du hättest auch anders reagieren können!", und in diesem Moment kommt zu dieser Traurigkeit auch noch das Gefühl von Ärger hinzu. So ärgerst du dich jetzt noch zusätzlich über dich selbst, weil du es wieder nicht geschafft hast, in der Neutralität zu bleiben. „Ja, aber…", sagt dein Verstand wieder. „Nein und nicht – *und aber!*", denkst du zurück. „Erzähl das irgendwem, aber nicht mir!". Jetzt geht das nun so *hin und her* und *hin und her*. Nach ein paar Mal Zurückdenken geht dir diese Zurückdenkerei langsam aber sicher auf die Nerven, weil dein Verstand sich unermüdlich durchsetzt. Er ist es ja gewohnt, ständig das letzte Wort zu haben.

Ein grosser Irrtum der Menschheit ergibt sich aus folgenden Fragen: "Warum fühle ich mich plötzlich schlecht? Warum kommt ein unstimmiges Gefühl in mir hoch, breitet sich mit seiner ganzen Beklemmung in mir aus und zieht sich wie ein roter Faden durch mein ganzes Leben?" Jeder Mensch hat ein paar solche Mängel, die er selbst als „Schwachpunkte" bezeichnet. Deine Freundin hat ganz andere „Probleme" als du – und sie versteht gar nicht, warum du so oft

traurig oder weinerlich reagierst. Du selbst kannst wiederum nicht verstehen, warum sie sich ständig über Dinge ärgert und so schnell wütend wird.
Wir werden ständig mit Personen und Situationen konfrontiert, die in uns dieselben immer wiederkehrenden Emotionen wachrütteln und wir werden immer wieder in dasselbe Gefühl hinein katapultiert, welches wir am liebsten loswerden wollen. Es spielt sich bei jedem Menschen ähnlich ab und wir tappen automatisch ständig in solche Gefühlsfallen. Ob wir es wollen oder nicht – es scheint in dem Moment nicht in unserer Macht zu liegen, die Wahl zu treffen, es anders erleben zu können. Warum? Warum ist es bei mir anders als bei dir? Warum gehe ich automatisch in die Ablehnung, wenn ich mit einem meiner „leidigen" Themen konfrontiert werde?

Wenn ein Gefühl wie z.B. "der Zorn" in dir hochsteigt, dann sagst du ja nicht: „Aha, da kommt jetzt das Gefühl des Zorns hoch und jetzt geh ich mal eben in eine Ablehnung." Du wirst von diesem Zorn gepackt, bekommst einen roten Kopf, und es kocht in dir. Gleichzeitig hast du dieses beklemmende Gefühl, welches Ablehnung darstellt und dich diese automatische Haltung einnehmen lässt. Erst nach diesem Vorgang denkst du darüber nach, ignorierst es oder versuchst es loszuwerden. Vielleicht suchst du aber auch eine Lösung, um diese Situation das nächste Mal zu verhindern oder erst gar nicht mehr darauf zu reagieren. Bevor du also reagierst, reagiert dein Innerstes mit Ablehnung. Erst dann folgt die Ablehnung deines Egos, deines Verstandes. Deine Seele verhält sich hier so wie ein Trotzkopf oder besser gesagt: wie du selbst in gewissen Lebenssituationen. Alles, was du als unangenehm empfindest, möchtest du vermeiden; alles, was dir fremd ist, macht dir Angst; alles, was du nicht kennst, willst du oft gar nicht kennen lernen. Was hier fehlt, ist das Vertrauen, welches von der Gewohnheit verdrängt worden ist, dass jede Erfahrung ein neutrales Geschenk ist. Weil Mensch es aber nicht anders „gelernt" hat, beschliesst er, gegen diese „schlechten" Emotionen – die aber gar nicht „schlecht" sind – anzukämpfen. Er unterscheidet also zwischen gut und schlecht. Diese Trennung entsteht aus der Dualität der realitätsfremden Sichtweise. Nach dem Motto: „Die Guten ins Töpfchen, die

Schlechten ins Kröpfchen.“.

Dieses grausame Gefühl des Zorns kommt also in dir hoch, und du versuchst es loszuwerden, auszutricksen oder zu ignorieren. Du bist schon besessen von dem Gedanken "Wie werde ich dieses immer wiederkehrende Gefühl los? Was kann ich tun? Was kann ich ändern? Wie kann ich damit umgehen? Was muss ich hier lernen?"
Die mögliche Ursache zu wissen, die diese Emotion ausgelöst hat, nutzt dir hier gar nichts. Du hast höchstens ein neues Problem, nämlich, dass du dann weisst, was eventuell irgendwann einmal passiert ist. Nun läufst du Gefahr, auch noch darüber nachzudenken. Hier entsteht nun wirklich ein „Problem“, welches du vorher nicht hattest, denn alles, woran du dich erinnerst und alles, was du jetzt noch zusätzlich weisst, ist nun in deinen Gedanken präsent. So schnell lassen dich diese Gedanken nicht wieder los.

Jeder Mensch hat verschiedenste, ständig wiederkehrende „Emotionsmuster“, die es immer wieder schaffen, ihn runter zu ziehen. Warum tauchen sie immer wieder auf? Warum ist das so? Ursache und Wirkung aufgrund verschiedenster Erlebnisse, von Geburt an bis zum heutigen Tag? Irrtum! Karmische Verstrickungen? Irrtum! Prägungen aus verschiedensten Raum-Zeit-Qualitäten? Irrtum! Fällt dir selbst etwas dazu ein?
Ja? Ich weiss zwar nicht, was du dazu meinst, aber auch das ist ein Irrtum! Warum ich weiss, dass das, was du meinst, ein Irrtum ist, obwohl ich es deiner Meinung nach gar nicht wissen kann, was du gemeint hast? Lies selbst bzw. siehe *bildliche Vorstellung*. Um *ganz* zu sein, bedarf es aller Erfahrungen. Erst, wenn ich mir bewusst bin, wie es *nicht* funktioniert, komme ich in den „Genuss“, es leben zu können, *wie es funktioniert*. Durch frühzeitige Erkenntnisse könnten wir uns einiges ersparen, doch genau diese Erkenntnisse lassen uns reifen und formen uns. Der schmerzvollste Weg ist der lehrreichste. Wenn wir auf eine Herdplatte greifen und uns dabei die Finger verbrennen, tun wir es wahrscheinlich kein zweites Mal. Dafür müssen wir uns aber eventuell einmal die Finger verbrannt haben, um diese Erfahrung gemacht zu haben. Sicherlich wäre es im Moment die angenehmere

Erfahrung für uns, wenn wir es nicht getan hätten, aber auch eine wertvolle Erfahrung, die uns zeigt, es in Zukunft *sein zu lassen.* So nebenbei bemerkt: eine angenehme Erfahrung ist es auch, wenn der Schmerz nachlässt.

***Bildliche Vorstellung:***

*Deine Seele besteht aus zweihundert Männchen, die sich alle an den Händen halten und sich wie ein Puzzle ergänzen. Diese zweihundert Männchen sind all deine Emotionen, die du so durchlebt hast. Alle Emotionen, die dich so ausmachen – alle Emotionen, die es gibt. Sie gemeinsam ergeben eine Einheit und stellen deine Seelenstruktur dar. Da hält das Wut-Männchen das Angst-Männchen an der Hand, und das Glücklichsein-Männchen hält sich am Traurigkeits-Männchen fest. Zwischendrin befinden sich das Ablehnungs-, Verzweiflungs-, Neid- und Missgunst-Männchen und gegenüber lachen das Freude- und das Zufriedenheits-Männchen. Deine Gefühle, diese Männchen, sind mit dir hier auf Erden, um sich zu erfahren – weil sich die Vollkommenheit deiner Seele durch ihre Vollkommenheit selbst nicht erfahren kann.*

*Alle deine Emotions-Männchen gehen jetzt auf einen Sportplatz. Mitten auf diesem Sportplatz befindet sich eine grosse Laufbahn. Es ist wie auf einem Kindersportfest. Der kleine Unterschied ist lediglich die Grösse der Laufbahn, denn in diesem Fall stehen zweihundert Männchen in den Startlöchern und warten auf den Startschuss. Der beginnt ca. vor +/- einhundert Inkarnationen, als du dich für das erste Menschendasein entschieden hattest. Du kamst auf die Welt, hattest bei der Geburt Schmerzen und einen leichten Schock. So, nun läuft das Schmerz-Männchen auf der Seelen-Laufbahn ein paar Runden und das Schock-Männchen ebenfalls. Danach legte man dich in die Arme deiner Mutter und du spürtest Geborgenheit und Freude. Also laufen nun das Geborgenheits-Männchen und das Freude-Männchen auch ein paar Runden. Danach wurdest du von der Mutter weggenommen und hast laut geschrieen. Dabei empfandest du Angst und Zorn. Nun laufen also diese zwei Emotions-Männchen, Zorn und Angst, ein paar Runden und so geht das weiter und weiter.*

*Alle Emotionen, die du jemals erlebt und erfahren hast, tummeln sich auf diesem Sportplatz. Mit jeder Erfahrung, die du gesammelt hast, hat sich eine Emotion in dir frei gesetzt und bei jedem Erleben lief das jeweilige Männchen ein paar Runden im Kreis. Da gibt es Männchen, die überholen manch andere. Einige stehen und schauen in die Ferne, andere laufen und laufen und laufen. Einige sind ausser Atem. Manche sind zornig – und anderen wiederum ist langweilig. Bei jedem Menschen stehen die Männchen woanders. Je öfter du eine Emotion durchlebt hast, umso mehr Runden hat dieses Männchen hinter sich. Das heisst:* ***Alle Emotionen, die dich jetzt noch traktieren und dir das Leben schwer machen, sind die Emotionen, die du noch nicht so oft durchlebt hast, wie alle anderen Emotionen. Das, was einen anderen belastet, dich aber nicht mehr berührt, ist bei dir bereits gesättigt. Es kümmert dich nicht, und es macht dir nichts aus – weil du diese Erfahrung schon zur Genüge hinter dir hast. Von allen Erfahrungen, die du jemals gemacht hast, sind genau diese Gefühle, die dich immer wieder übermannen, genau die, die deine Seele eben noch nicht so gut kennt. Es ist eine Art fremd sein und aus diesem „Fremd-Sein" heraus geht die Seele auf Abstand – in eine Art Ablehnung. Die Urangst der Seele kommt deshalb in dir hoch, weil sie spürt, sich jetzt mit etwas auseinander setzen zu „müssen", was sie noch nicht so oft erfahren hat.***

*Diese Urangst, sich mit etwas auseinander setzen zu „sollen", das man eben noch nicht so gut kennt, ergibt also deine automatische Ablehnungshaltung. Die wird von einer erdrückenden Emotion begleitet. Du bist schon in mehreren Inkarnationen des Öfteren mit denselben „Schwachpunkten" konfrontiert worden, die zu deinem momentanen Dasein einen stärkeren Bezug haben. Dieselben Emotionen, die dich im Moment immer wieder erdrücken und belasten, haben schon oft versucht, dich auf verschiedensten anderen Daseins-Ebenen in irgendeiner Art und Weise auf sich aufmerksam zu machen. „Hallo! Kümmer dich um uns!" Je öfter du sie von dir weg geschoben hast – indem du versucht hast, sie loszuwerden oder zu ignorieren – umso intensiver sind sie in den Vordergrund getreten und umso hartnäckiger sind sie auch jetzt noch vorhanden.*

*Also, das Traurigkeits-Männchen hat schon eine sehr blöde Wahl getroffen: Es steht neben dem Freude-Männchen, von dem es schon Tausende Male über-*

*rundet worden ist. Nur weil diese Emotion, die du ablehnst, "Traurigkeit" heisst, möchte auch sie von dir geliebt werden. Auch die Traurigkeit möchte Aufmerksamkeit – und für dich wird es immer ungemütlicher, weil sie gar nicht versteht, warum du dich nicht um sie kümmerst. Die Traurigkeit hat scheinbar ganz schlechte Karten, denn neben ihr auf der anderen Seite steht das Zufriedenheits-Männchen. Das Traurigkeits-Männchen wünscht sich nichts mehr als deine Aufmerksamkeit. „Wie kommt es dazu, dass sich niemand um mich kümmert?" Auch wenn du nicht immer zufrieden bist, lehnst du dieses Gefühl der Zufriedenheit wenigstens nicht ab.*
*Alle Männchen sollten eines Tages etwa dieselbe Strecke zurückgelegt haben. Wenn deine Seele nun aus der Urangst heraus in die Ablehnung geht, weil ihr manche Gefühle fremd sind – was kannst du nun tun? Etwas lösen? Nein. Etwas loswerden? Nein. Davonlaufen? Nein. Es abwürgen? Nein. Die einzige „Lösung" ist es, diese Gefühle zu durchleben. Mit jedem Durchleben kommst du dir also näher und wenn diese Männchen – um die du dich bis jetzt so gut wie gar nicht gekümmert hast – erst ein paar Runden gelaufen sind, danken sie dir das sehr schnell, denn dann müssen sie dich auch nicht mehr so oft belästigen. Sie werden zufriedener sein und du wirst zufriedener sein. Das Zufriedenheits-Männchen darf wieder laufen und winkt den anderen schelmisch zu.*

*Mehr und mehr werden die Emotionen, die du bis jetzt als unangenehm empfunden hast, in den Hintergrund rücken – bis sie dich eines Tages nicht mehr belasten. Sie sind dann immer noch nicht verschwunden oder aufgelöst. Sie sind nach wie vor ein Teil deiner Ganzheit, nur: sie werden dir nicht mehr zu nahe treten! Sie ruhen sich nur etwas aus und freuen sich darüber, endlich am Ziel angekommen zu sein.*
*Nach diesem Beispiel scheint es für uns alle kein Wunder mehr zu sein, dass die Traurigkeit traurig ist, die Wut wütend ist und dass der Zorn immer zorniger wird. Wie reagiertest du speziell als Kind, wenn sich niemand um dich kümmerte? Alle Emotions-Männchen sind Teil deines inneren Kindes, Teilaspekte dessen, was du bist. Sie nähren sich durch Zuwendung und Liebe. Entscheide selbst, ob du die Bereitschaft dazu entwickelst, ihnen die Aufmerksamkeit zu geben, die ihnen zusteht.*

Mit dieser bildlichen Vorstellung möchte ich dir den Druck nehmen,

ständig dem Gedanken hinterherzulaufen, etwas lösen zu müssen. Ich möchte dich von dieser Last befreien, damit du wieder Durchatmen kannst und gelöster wirst und dir erlaubst – einfach nur *zu sein*. Zu sein, wie du bist. Deine Vollkommenheit in allem zu erkennen – egal wie sie gerade ist, egal wie sie sich gerade darstellt.
Bei vielen meiner schwerkranken Kunden ist der Druck, den sie sich selbst auferlegen, „etwas lösen zu müssen", noch grösser als die Belastung des Krankheitsbildes selbst. Diese zusätzliche Ablehnung, die sich in diesem Falle wieder gegen dich selbst richtet – weil du dich dafür ablehnst oder sogar „hasst", dass du eben keine Lösung findest, die es sowieso nicht gibt – hat ein noch grösseres Problem als das vermeintliche Problem selbst zur Folge. Denn dadurch setzt du dich immer mehr unter Druck. Es kann zu einem Zwang werden. Viele laufen von Pontius zu Pilatus, um ihr Problem loszuwerden und da ihnen natürlich keiner helfen kann, werden sie immer verzweifelter, ziehen sich immer mehr runter und fallen in ein tiefes Loch. Zurück bleibt Isolation oder Depression, wobei eine Depression bereits einen Rückzug der Seele darstellt. Mensch hat hier die Verantwortung abgegeben: „Irgendwer soll mir *helfen*!", aber *helfen* kann ich mir immer nur selbst.

Ich in meiner Aufgabe, Menschen an sich selbst zu erinnern, kann auch nur ganz sanft etwas anschieben, wenn sich in deiner Seele eine Bereitschaft einstellt. Die Bereitschaft, die "Öffnung des Herzens" gegen das hartnäckige „Gesund-oder-glücklich-werden-wollen"–Programm einzutauschen. Wenn Mensch wirklich bereit ist, dann ist es seine Offenheit, die tatsächlich Wunder bewirken kann. Ein anderer kann dir in gewissen Situationen nur eine Krücke sein und wenn man dir diese wegnimmt, solltest du weiterlaufen können, ohne dabei hinzufallen.

Die meisten Hilferufe, die mich erreichen, betreffen körperliche Einschränkungen. Die „Gesundung" selbst ist nicht das Wichtigste. Indem du das erkennst, gesundest du automatisch. Das Wort „gesund" bezieht sich nicht immer nur auf körperliche Einschränkungen. Gesundung heisst – wach werden, heil werden, erkennen. **Ein**

**grösseres Geschenk als körperlich gesund zu werden, ist das Erwachen und dafür brauchst du „Krankheit", wenn du das nicht vorher selbst erkennst. Zu erkennen, dass dieses physische Leben nur eine Gelegenheit für uns ist, uns zu unserer Seele hin zu entwickeln. Die Gesundung ist lediglich ein Vorgang, den wir wahrnehmen können, um vertrauen, sehen, erfahren und begreifen zu können.** Mensch braucht Beweise, um an etwas "zu glauben", und obwohl es keine sichtbaren Beweise gibt und braucht, liegt es im menschlichen Dasein, zu zweifeln und zu hinterfragen. Das ist völlig normal. Würde das nicht der Fall sein, wären wir nicht Menschen. Wir wären nicht hier. **Gesundung ist eine automatische Ergänzung zur inneren Harmonie.**
Ursprünglich war es nur eine *Idee des Lebens,* mir diesen Weg zu zeigen, dem ich gefolgt bin. Aus der Idee heraus, dass dieser Weg existiert, habe ich mich durch meine Bereitschaft für diesen Weg entschlossen und diese *Idee* verwirklicht. *Kein Muss,* sondern lediglich die Möglichkeit, einem Lebensplan zu folgen, der sich anbietet und einfach da ist. Der Idee selbst ist es egal, ob sie sich erfüllt. Durch ihre Erfüllung ist sie zu meiner Erfüllung geworden. Ich bin dem Impuls gefolgt und habe mich dem hingegeben, was ist. Egal, wo auch immer ich mich hineinbegebe, welche Wahl ich auch immer treffe – wo ich mich einbringe und wiederfinde, ist Erfüllung garantiert.

Zurück zur „Gesundung". Der Körper ist ja nur ein Vermittler zwischen feinstofflicher und grobstofflicher Materie. Er macht dir mit jeder körperlichen Unstimmigkeit ein Geschenk. Er zeigt dir, dass du etwas *ver-rückt,* bzw. aus dem Gleichgewicht geraten bist. Dieses Geschenk ist eine Gnade. Dieses Geschenk will aber niemand, obwohl: man könnte das Geschenk öffnen und hinein sehen, was sich dahinter verbirgt. Aber wir werfen es lieber weg oder versuchen es zu verstecken, zu zerstören oder zu bearbeiten. Am liebsten würden wir diese Geschenke an andere weiterschenken. Das wäre das Bequemste. Nur: auch wenn das funktionieren würde – deine Geschenke will niemand. Die gehören nur dir. *Happy Birthday!*

Dieser Druck des *Loswerden-Wollens* ist eine Selbstvernichtungsstra-

tegie, die sich in dem Moment gegen dich richtet, ohne dass du dir dessen bewusst bist. Der Druck hat viele Gesichter: „Warum schaffe ich es nicht, gesund zu werden? Wer kann mir helfen? Was muss ich hier auflösen? Muss ich die Ursache finden? Wie kann ich meine Belastung loswerden? Ich schaffe das sowieso nicht! Scheinbar bin ich zu dafür blöd! Es steht mir nicht zu, mich wohl zu fühlen! Wie schaffe ich es, mich aus diesem Muster zu befreien?"
Wir alle haben das Thema, das uns gerade bewegt, belastet und in die Tiefe zieht, auch schon auf eine ähnliche Art uns Weise erlebt. Irgendwann, irgendwo. Vielleicht haben wir es auch noch vor uns. Letztendlich entscheidet immer deine Seele selbst, welche Wahl sie treffen möchte. Diese Wahl ist weitgehend davon abhängig, wie weit du dir deines Schöpferpotentials bewusst bist oder du dich immer noch wie ein Sklave deinem Denkapparat unterwirfst. Je eher du damit beginnst, das zu durchleben, was jetzt ansteht, desto näher rückst du dem Moment, in dem es dann nicht mehr hochkommen muss. So befreist du dich automatisch von deinen dir selbst auferlegten Mustern und Programmen.
Sei dir stets gewiss: In dem Moment du in dir spürst, dass es nichts zu lösen und zu tun gibt, erkennst du frei von jeglichen Gedanken, **dass die Situation und Emotion einfach so stehen gelassen werden will, wie sie ist**. So bejahst du dich in allem, wie du bist und begibst dich in die Freiheit, du selbst sein zu dürfen. Kümmere dich um dich selbst und aus diesem Freiheitsprinzip heraus wird Veränderung automatisch folgen. Der Wandlungsprozess kann beginnen.

Ich hatte vor Jahren einmal eine Phase, in der mir Gewitter Unbehagen bereitete. Im Kindesalter hatte ich zwei Blitzschläge miterlebt, wobei einmal ein Haus und einmal ein Baum in Flammen aufgegangen waren. Ab diesem Zeitpunkt hatte ich bei jedem Gewitter ein etwas mulmiges Gefühl im Bauch. Immer, wenn dieses Gefühl hochkam, versuchte ich es loszuwerden. Natürlich konnte das nicht funktionieren. Eines Tages sagte jemand zu mir: „Du solltest dich mit deiner Angst konfrontieren. Geh in die Angst hinein. Lass sie wachsen und setzt dich mit ihr auseinander." „Tolle, hilfreiche Aussage!", dachte ich.

Also sass ich beim nächsten Gewitter da und sagte mir nun: „Angst, ich lasse dich grösser werden." Etwas verunsichert, zaghaft, zweifelnd und mich selbst belächelnd, mischte sich mein Verstand ein und sagte zu mir: „Das soll funktionieren?" Ich wusste, was ich tun sollte – aber wie bitte fruchtet das auch? Wie funktioniert das schlussendlich? Wie setze ich mich damit auseinander? Wie lasse ich diese Ängstlichkeit grösser werden? **Wie um Himmels Willen soll das nur funktionieren?** Fragen über Fragen. Und es folgte Ratlosigkeit, die sich nun neben der Angst einreihte. „Was nutzen mir diese gescheiten Ratschläge, wenn ich nicht weiss, wie ich es tun soll?" Ich war nicht nur verärgert über diesen Tipp, sondern auch verärgert über mich selbst. „Bin ich zu blöd, um es zu begreifen?" Aber wie soll ich es begreifen, wenn es kein anderer begreift?! Und überhaupt wusste ich damals auch noch nicht, ***dass es eben gar nichts zu begreifen gibt.***
Jetzt sitze ich also zu Hause und habe Angst. Ich kann meinem Verstand den Garaus machen und ihn immer wieder auf die Seite schieben. Ich kann auch mein Herz öffnen und mir somit Zugang in mein Inneres verschaffen – aber das ist nur der Anfang. Denn, wenn ich mein Herz öffne und den Verstand klein halte, ist immer noch diese Angst da. Je stärker die Angst wird, desto mehr rutsche ich wieder in das lästige Nachdenken hinein und dann wird es scheinbar noch schwieriger, die Mitte zu „finden". Es stellt sich die Frage: *„Wie bitte gehe ich jetzt mit dieser Angst um?"*. Ich weiss, ich sollte sie integrieren. Aber wenn ich gewisse Sätze „nur denke" und es ja auf der Verstandesebene nicht gelöst werden kann und soll, dann braucht es eine andere, viel tief gehendere Möglichkeit, um dieser Angst in Liebe zu begegnen. **Kann ich einem Gefühl, einem Zustand, einer Situation oder einem Menschen in Liebe begegnen, wenn ich Ablehnung verspüre?**

Wenn ich mich von der Ebene des Denkens auf die Ebene des Herzens begebe und ich es schaffe, mich mit dieser Angst auseinander zu setzen, indem ich sie durch „emotionalen Spüren" in mir integriere, dann habe ich es geschafft. Damit das auch funktionieren kann, bekommst du hier als kleine Hilfestellung das dritte und letzte ***Werkzeug*** in die Hand. Diesmal wieder verpackt in einen bildlichen

Rahmen – den sich jeder gut vorstellen kann. Auch hier wieder ganz wichtig: Du musst diese Bilder anfangs nicht spüren und nicht sehen. Es reicht vorerst aus, sie dir vorzustellen. Je öfter du dich „hinein begibst", desto intensiver, spürbarer und sichtbarer werden deine Wahrnehmungen und Bilder sein. Diese Bilder werden mit der Zeit wiederum eine Eigendynamik entwickeln. Du wirst so beginnen, wie ich begonnen habe: Schritt für Schritt – step by step. **Eine Wahrnehmung, ein Gefühl, muss wachsen; muss sich erst in dir erkennen und wieder finden, um dann nach aussen treten zu können.**

Die folgende *„Integrations-Übung"* findet auf der emotionalen Ebene statt. Und deshalb funktioniert sie auch. Wenn du lediglich etwas *denkst*, kommt es eben nicht *in dir* an, sondern bewegt sich nur auf der Ebene des Verstandes. **Um etwas in dir bewegen zu *wollen*, musst du es fühlen.**
Es gibt auf der ganzen Welt keine Anleitung oder Richtlinie für ein „sich näher kommen", die du befolgen *musst*. Aber es gibt viele kleine Hilfestellungen, die dir deinen Weg etwas erleichtern können. Ab jetzt durchlebst du bewusst, was dich noch stört und mit folgender Hilfestellung wird es einfach. Wenn es in deinem Leben nichts mehr gibt, das dich belastet: umso besser. Dann lege das Buch beiseite und widme dich dem *Wunder:* Leben.

Es ist sinnvoll, die Übung immer dann zu machen, wenn bedrückende Emotionen in dir hoch kommen. In welcher Form sie dich auch immer belasten mögen – ob du nun ein komisches Gefühl oder einen Schmerz empfindest, ob in dir eine Ablehnung gegen eine bestimmte Person hoch kommt oder…
… egal was auch immer: Du beginnst, alles was dich emotional berührt, Schritt für Schritt zu neutralisieren.

Nehmen wir einmal an, du fühlst dich in diesem Moment aus irgendeinem Grund traurig. Wenn das Gefühl hoch kommt, dann nimm dir ein paar Minuten Zeit für dich. Du wirst mehr und mehr Spass daran haben, weil diese Bilder ein eigenes Leben entwickeln werden. Dein Dasein wird nicht nur leichter, sondern vor allem bunter sein. Du wirst dabei lächeln und dein Herz dabei spüren. Es beginnt mit einem Kribbeln. In dir beginnt sich etwas zu bewegen. Später folgt ein Schwall von unglaublicher Wärme und Hitze – so ähnlich, wie es sich bei der Verwendung des ersten *Werkzeuges* – der bildlichen Vorstellung des *Herz-Öffnens* – entwickeln wird.

**Werkzeug 3: Integration der Gefühle**

Schliesse deine Augen und öffne dein Herz-Chakra, indem du dein kleines Männchen wieder laufen lässt. Es läuft oben beim Kopf rein und unten beim Herzen wieder raus. Nun hast du dir also den Zugang zu deinem Herzen geschaffen. Nachdem das kleine Männchen die Fensterläden geöffnet hat, stellst du dir vor, dass es durch das Fenster hindurch springt oder zur *Türe deines Herzens* hinaus läuft. Der Weg geht direkt Richtung Spielplatz. Dein inneres Kind – dein Sonnenkind – will Spass haben. Dein Sonnenkind hat lange Zöpfe und ein tolles buntes Kleid an. Vielleicht trägt es auch eine Hose und ein kariertes Hemd. Mal es dir bis ins Detail aus, wie auch immer du dein Sonnenkind darstellen möchtest.
Also, dein Sonnenkind möchte spielen. Deshalb auch der Spielplatz, den es sich wünscht. Also stellst du dir vor, wie so ein Spielplatz aussehen mag. Auf diesem Platz findet man eine Schaukel, einen Sandkasten, ein Karussell und eine Lokomotive. Vielleicht sind da auch Tiere, die dein Sonnenkind streicheln möchte. Egal, wie auch immer: deiner Phantasie sind keine Grenzen gesetzt. Es kann auch ein Rummelplatz oder ein Vergnügungspark sein, stell' es dir so vor, wie du es möchtest.

Dein Sonnenkind läuft ganz aufgeregt mitten auf den Spielplatz und entdeckt dort z.B. eine Wippe – wie sie viele von uns vielleicht noch aus ihrer Kindheit kennen. Dein Sonnenkind setzt sich auf diese Wippe und möchte gerne schaukeln. Nach einer Weile findet es die Situation aber gar nicht mehr so lustig, da gegenüber keiner sitzt, der es „antaucht". Also stellst du dir vor, es kommt jetzt ein Männchen des Weges gelaufen.
Dieses Männchen ist das Traurigkeits-Männchen. Du *verpackst* deine

Emotion also in ein Männchen. Ob das jetzt das Neid-Männchen, das Hass-Männchen, das Schmerz-Männchen, das komische Gefühls-Männchen ist – deine Freundin Hilda oder deine Mutter. Was auch immer es ist, was auch immer dich in diesem Moment belastet, das stellt auf diesem Spielplatz ein Männchen dar. So kommt dieses Traurigkeits-Männchen näher und näher. Es sieht etwas eigenartig und seltsam aus. Dieses Männchen bringt dich zum Lachen, denn es schluchzt so vor sich hin. Es hat ganz verweinte Augen, einen roten Kopf und die Haare stehen ihm zu Berge. Der Kummer lässt sich nicht verbergen und da du das gar nicht verstehen kannst, kicherst du so vor dich hin und amüsierst dich über das Männchen. Es sieht so albern aus, und du kannst gar nicht verstehen, warum es so eigenartige Laute von sich gibt und sich so ruckartig bewegt.
Dieses Männchen setzt sich nun dir gegenüber auf die Wippe und beginnt, dich mit den Füssen „anzutauchen". Es schaukelt mit dir und du hast so viel Spass dabei wie noch nie. Du stellst dir vor, wie dieses Männchen immer noch in seiner Traurigkeit versinkt und sein Gesicht währenddessen alle möglichen Grimassen zieht. Das stört dich aber kein bisschen – was kümmert' s dich?! Du willst wippen, schaukeln und Spass haben. Du machst alles, was du im richtigen Leben auf einem Spielplatz nicht machen kannst. Du machst ein paar Saltos, berührst fast den Himmel und jauchzt vor lauter Freude. Zwischendurch beobachtest du wieder dein Gegenüber und fühlst dich in der gesamten Situation *einfach nur wohl.*

Nun schnappst du dir das Männchen und gehst mit ihm Tandem fahren. Ihr setzt euch aufs Rad, und schon wird's wieder lustig. Das Männchen sitzt natürlich vorne und tritt kräftig in die Pedale. Es strengt sich an und radelt fleissig „vor sich hin". Währenddessen sitzt du hinten – faul und bequem – deine Hände und Füsse weggestreckt und lachst laut vor dich hin. Du hast jemanden gefunden, mit dem du Spass haben kannst. Egal, was auch immer du mit diesem Männchen unternimmst – es sollte etwas sein, das du dir gut vorstellen kannst. Ob du nun mit ihm Ski fahren oder schwimmen gehst, Riesenrad fährst oder reitest: wichtig ist, dass diese Vorstellung *Emotionen in dir erweckt.* Male es dir bis ins kleinste Detail aus und lass es lebendig werden. Nimm die Rolle des Beobachters ein und amüsiere dich über jede Vorstellung, die du dir *zurechtrückst.* Hab' Spass an deiner Phantasie und an diesen humorvollen, lebendigen Bildern. (Wenn du z.B. ein Gefühl der Angst empfindest, kannst du dich mit deinem Angst-Männchen auch in eine Geisterbahn setzen und dir vorstellen, wie ängstlich es ist, wenn es die gruseligen Pappfiguren sieht, die schaurige Laute von sich geben. Wie auch immer. Du solltest Spass daran haben und dich gut hinein leben können.)

Zurück zum Tandem. Du radelst immer noch, besser gesagt: du „wirst immer noch geradelt". Wie praktisch, so einen tollen Kumpanen gefunden zu haben! Mit solchen Freuden lässt es sich aushalten.
Wenn du spürst, dass du mit Spass und Freude an dieser Vorstellung teilhaben kannst, du dabei lächelst oder schmunzelst, dich einfach nur wohl dabei fühlst, dann stelle dich vor das Traurigkeits-Männchen hin.
**Du hüllst es nun wie folgt in Licht und Liebe und *nimmst es von ganzem Herzen in dir auf.***
Du sagst oder denkst wie folgt: **„Ich hülle dich in Licht und Liebe.".** Dabei stellst du dir einen Lichtstahl vor, der von oben auf die Erde nieder strahlt und das Traurigkeits-Männchen sanft umhüllt. Es wird ganz hell und warm und du wärmst dir deine Hände, weil der Strahl behagliche Wärme von sich gibt.
Anschliessend nimmst du das Männchen von ganzem Herzen in dich auf. Bei dem Satz: **„Ich integriere dich von ganzem Herzen."** stellst du dir vor, wie sich dein Herz öffnet. Wie eine Flügeltüre geht es langsam auf und daraus rankt *eine Art Greifarm.* Wie eine Spiralbewegung, eine Welle oder eine Hand, die nach aussen greift. Sie greift ganz sanft nach dem Männchen und „schwuppdiwupp" verschwindet sie mit ihm in deinem Herzen. Und weg ist es.

Was hast du jetzt gemacht? Du hast das erste Mal in deinem Leben ***bewusst*** dein Gefühl – in diesem Fall deine Traurigkeit – mit Hilfe einer kleinen „Verpackung" integriert, transformiert und durchlebt. Du hast dich durch eine bildliche Vorstellung mit diesem Männchen – *mit deiner Emotion* – auseinandergesetzt. Du hast *ihr* Aufmerksamkeit geschenkt. Du hast mit ihr gelacht. Du hast sie in Licht und Liebe gehüllt und in dein Herz integriert. Du hast dich um deine Emotion gekümmert. **Du hast dich um dich gekümmert.**

Jedes Mal, wenn du mit diesem *Werkzeug* ein Gefühl durchlebst, kannst du *eine Art „Häkchen"* dahinter setzen. Je öfter du etwas abhakst, desto öfter durchlebst du es – bis es eines Tages gesättigt ist und die Seele dann diese Erfahrung nicht mehr braucht. Dann kannst du sie ablegen. Es wird immer ein Teil von dir sein, aber es wird dich nicht mehr belasten. Wenn es irgendwann wieder auftauchen sollte, weil du wieder ein neues Programm aktiviert hast, kannst du es ja wieder integrieren. Bei manchen Emotionen bedarf es mehrerer Häkchen, bei anderen weniger. Je länger du schon vor etwas davon gelaufen bist, desto länger kann es dauern.
Wenn du dein Gefühl der Traurigkeit soeben durchlebt hast, indem du mit ihm auf dem Spielplatz warst, erwarte nichts und setze dich nicht unter Druck. **Auch wenn sich für dich anfangs nichts Spürbares oder Sichtbares ändert – *es ändert sich viel* und wird sich nach und nach in jeder nur erdenklichen Form darstellen können.** Das Motto lautet „dranbleiben". Durchlebe es immer wieder, indem du dir sagst „Aha, hast du immer noch nicht genug durchlebt, liebe Seele? Hast du diese Emotion immer noch nicht zur Genüge erfahren? Okay, alles klar! Also dann los. Lass uns wieder auf den Spielplatz gehen!" Leichtigkeit ist hier gefragt.

Du musst jetzt nicht das Gefühl haben, dies bis an dein Lebensende machen zu müssen. Es geht recht schnell. Im Moment ist dein Verstand vielleicht noch drauf und dran, dich von dieser Übung abbringen zu wollen. „Es dauert ganz sicher sehr lange, bis sich bei dir eine Veränderung einstellt.", könnte dein Verstand jetzt meinen. Er weiss wie immer – *gar nichts*. Vergiss ihn!
Irgendwann wird dein Herz die Führung übernehmen, **denn das Ziel ist es, vorher zu fühlen, zu handeln und zu sprechen und dann erst zu denken.** Wenn du dir das einfach vornimmst, kannst du dir alles genauso gut „antrainieren" wie das Denken.

Du wirst merken, dass bei manchen Emotionen, die dich beschäftigen,

sehr rasche Veränderungen wahrnehmbar werden. Es gibt Emotionen oder auch Schmerzen, die du oft tagelang verspürt hast. Plötzlich halten sie nur noch einen Tag an und dann sind es nur noch einige Stunden – eine Stunde und schlussendlich noch weniger. Nimm dir immer sofort die Zeit, um ein unstimmiges Gefühl zu korrigieren. Nicht ignorieren und warten, bis es wieder vorbeigeht. **Setzt dich damit auseinander, weil du jetzt weisst, dass es deine Aufgabe ist, dich deinen Emotionen zu stellen**.
Es braucht am Anfang vielleicht einen Zeitraum von fünf bis zehn Minuten, den du investieren solltest, um es in allen Feinheiten zu durchleben. Die Vorstellungen werden mit der Zeit immer einfacher und kürzer, bis du sie nur noch ab und zu einsetzt oder eben auch gar nicht mehr brauchst. Nach einem Zeitraum von ca. zwei Monaten erledigt sich dadurch manches von selbst und polt sich vieles von alleine um. Eine recht kurze Zeit, wenn wir es mit dem Zeitraum vergleichen, in dem wir uns darin versuchen, etwas loswerden oder ändern zu wollen. *(Abkürzung: Die Emotion, die momentan über dich kommt, stellt ein Männchen dar. Es steht vor dir und du hüllst es in Licht und Liebe. Danach nimmst du es in dein Herz auf. Auch hier dazu wieder: „Ich hülle Dich in Licht und Liebe und nehme dich von ganzem Herzen in mich auf.".)*

Mit „einfacher" meine ich nicht nur die bildliche Vorstellung, sondern auch den Ablauf der sichtbaren oder spürbaren Veränderungen, die folgen. Wenn *ich selbst* heute aus irgendeinem Grund plötzlich Traurigkeit empfinde, muss ich mir nichts mehr vorstellen. Ich stelle fest, dass ich Traurigkeit fühle. Das ist eine Tatsache. Ich breite nun keine Picknickdecke aus und frage mich: „Warum bin ich traurig? Wie ist diese Traurigkeit entstanden? Was kann ich tun? Was hat mir das zu sagen? Wie kann ich dieses Gefühl loswerden?" Diese Energie der Traurigkeit wird automatisch integriert, indem das Herz die Energie in sich aufnimmt. Das heisst, es wird im selben Moment, in dem es hoch kommt, transformiert. Du kannst dir das so vorstellen, als ob eine Art Luftblase in dein Herz hineinschwebt oder als ob die Emotion durch eine Schlinge in dein Herz hinein gezogen wird. Sie tritt ein. Herzlich willkommen!

Es integriert sich *in sich.* Es wird durchlebt. Es ist okay. Es darf sein. Wie bereits erwähnt, funktioniert das auch bei Schmerzen ganz toll. Wenn du erst überlegst, wie und warum das funktioniert und dass das gar nicht möglich ist, behinderst du dich schon wieder durch dein Denken. Schick diesen Gedanken weg. Du brauchst ihn nicht.
Nimm ihn nicht ernst! Und vergiss nicht, …
**… das nächste Mal zu handeln, bevor du denkst.**

Wenn du weiterhin vor deinen Gefühlen davon läufst oder dich gegen etwas wehrst, wirst du immer wieder damit konfrontiert, bis du vom Leben in die Knie gezwungen wirst. Dieser Weg kann sehr ungemütlich werden. Wähle den einfachen kürzeren Weg oder den mühsamen längeren Weg. Wie auch immer du dich entscheidest: Gott liebt dich, wie du bist. Ich liebe dich, wie du bist. Wir lieben dich, wie du bist. Und ich sage es noch einmal: Du bist in jedem Fall bereits angekommen – auch wenn du dir dessen noch nicht bewusst bist. Es werden dir viele Menschen begegnen, die es in dir erkennen, bevor du es selbst in dir erkennst. Deshalb sei wachsam. **Jede Begegnung ist einzigartig und wenn du diese Einzigartigkeit, Liebe und Vollkommenheit in jedem Gegenüber erkennst, dann hast du dich mit dessen Hilfe gerade selbst erkannt – als das, was du bist.**
Wenn du in Zukunft mit unangenehmen Gefühlen konfrontiert wirst, lege also keine Achtsamkeit mehr hinein. Stell einfach nur fest: „Traurigkeit, da bist du schon wieder. Du bist ein Teil der Vollkommenheit, und du willst durchlebt werden. Du willst eine Runde laufen? Du möchtest, dass ich mich um dich kümmere? Alles klar! Wir gehen auf den Spielplatz. Auf geht's."

Bevor du mit deiner Emotion auf den Spielplatz gehst, noch ein wichtiger Hinweis. Weil du weisst, dass du dein Gefühl durchleben und nicht loswerden sollst, verwendest du das ***Werkzeug drei*** dieses Kapitels. Auch wenn du das Gefühl jetzt mit diesem *Werkzeug* integrieren wirst, geht dir diese Traurigkeit vielleicht aber „trotzdem" auf die Nerven – du selbst lehnst sie im Prinzip ja ab. Also sprich aus, was du denkst – mach es laut oder leise. So wie dir der „Schnabel gewachsen ist". Formuliere es so, wie du es empfindest. Dasselbe

Beispiel habe ich im ***Theorieteil*** bereits erwähnt. Dieser wichtige Aspekt folgt hier noch einmal ausführlicher als kleine Vertiefung:

„Traurigkeit, du gehst mir schon *so was von* auf die Nerven! Ich will und kann dich nicht annehmen. Das „nicht annehmen Wollen" ist ein Teil der Vollkommenheit (bildlich: einer der Kumpels auf dem Sportplatz, der darauf wartet, eine Runde laufen). Es ist okay, dass ich dich jetzt nicht annehmen will. Ich erlaube mir, *so zu sein* und so zu empfinden. Oder:
„Ich gestatte mir, dich loswerden zu wollen."
„Ich finde dich besch… Es ist okay, dass ich so fühle."
„Ich hasse dich. Hass ist auch ein Teil der Vollkommenheit. Und es ist okay, dass ich dich hasse."

**Wie auch immer du empfindest, denk daran: Es steckt immer ein Männchen dahinter, welches auf deinen Zuspruch wartet.** Hol das Bild herbei und denk an den Sportplatz, dann weisst du, was zu tun ist. Wie auch immer du es formulierst, es sollte immer deinem Gefühl entsprechen. Rede dir nicht ein, dass es gut ist und dass du es annimmst, nur weil du glaubst, dich so verhalten zu müssen. Wenn du es nicht annehmen kannst, es ablehnst, es verabscheust oder es loswerden willst, dann *bejahe dich in dem, was du fühlst, bist und denkst.* Du entwickelst also Mitgefühl für dich und nimmst dich so an, wie du bist.

Geh liebevoll, geduldig und ausdauernd mit dir um. So kann das Mitgefühl, das du dir selbst gibst, Schritt für Schritt *zur Liebe* wachsen. Je mehr du dich bejahst, desto höher wirst du schwingen und umso stärker wird die Liebe zu dir selbst, die sich tagtäglich ausdehnt. Sie bekommt nun den Platz, den sie benötigt, um sich entfalten zu können. Heisse sie Willkommen und gib ihr endlich den Raum, der ihr zusteht. *(Wenn morgen ein Weltstar zu dir zu Besuch kommt, den du interessant und toll findest, steckst du ihn ja auch nicht in deine Gartenlaube. So, wie du dich um ihn kümmern würdest, so solltest du dich um all deine vollkommenen Anteile, Eigenschaften, Männchen und Emotionen kümmern, die du vielleicht immer noch als „Eigenheiten" und als unangenehm bezeichnest.)*

**Wie ich fühle: so bin ich – aber ich bin nicht immer so, wie ich fühle.** Lass diesen Satz kurz auf dich wirken.

Du hast soeben jemanden bewertet. Dann kommt dein Verstand und sagt: „Du hast schon wieder bewertet. Das tut man nicht! Und, es spiegelt nur deine Wahrnehmung." Dann kannst du wiederum folgendes machen: „Tschüss, Verstand! Es interessiert mich nicht, was du da sagst. Ich habe bewertet. Ich segne diese Bewertung und lasse es sein. Es ist okay. Ich gestatte mir, so zu sein."
**Indem ich mich in diesem Moment so sein lasse, wie ich bin, habe ich Mitgefühl für mich. Mitgefühl ist die Vorstufe der Liebe – der Liebe, die ich mir einräume, nicht ständig das Gefühl zu haben, etwas ändern zu müssen.** Ich bin mit mir im Reinen, und ich bin authentisch. Wenn ich jetzt aber einen Zorn auf mich habe, weil ich schon wieder bewertet habe und es nicht annehmen kann und will, *dann nehme ich mich dafür an, dass ich es nicht annehmen kann.* Egal wie ich fühle, ich lasse mich so sein, wie ich bin.

**ICH BIN göttlich.**
**ICH BIN vollkommen.**
**ICH BIN Mensch und**
**ich *erlaube mir/gestatte mir*, jetzt ______________ zu sein.**

Die bildliche Vorstellung mit dem Spielplatz wirkt natürlich intensiver. Wenn ich aber vorher mein Herz öffne und mich danach mit diesen Worten dafür annehme, wie ich bin, oder für das, was ich gerade gesagt oder getan habe, habe ich diesen Anteil der Emotion ebenfalls integriert. Wichtig ist immer, aus welcher Ebene – aus welcher Schwingung – heraus ich etwas tue. Deshalb ist es auch hier wichtig, sich dafür zu öffnen und es zu spüren. Und da das Spüren anfangs eben noch etwas schwer fällt, trainierst du es mit dem „Herz öffnen" (***Werkzeug eins***) und dem „Besuch auf dem Spielplatz" (***Werkzeug drei***). Dadurch wird das Spüren immer intensiver und bald schon reicht es aus, es lediglich *auszusprechen,* dass du dich dafür annimmst, wie du gerade bist. Wenn du deine Schwingungsfrequenz nach und nach erhöhst, wirst du merken, dass alles leichter wird. Ab einer gewissen Frequenz spielt es dann gar keine Rolle mehr, wie du dich darstellst, weil dann deine Schwingung dafür zuständig ist, alle Herzensbedürfnisse in deinem Leben zu manifestieren. Es kommt in dein Leben, was deiner Frequenz entspricht. Es wird geschehen, was deiner Frequenz entspricht. Du wirst durch deine Frequenz zum Lichtträger, der alles anzieht, was ihm zusteht, was er darstellt und was seinem Selbst entspricht. Dann finden sich Worte und Gedanken umgehend im Endergebnis der Verwirklichung wieder.

***Zusammenfassung:***
*Du bist bereits in mehreren Inkarnationen mit Situationen und Personen in Resonanz gegangen, die in dir genau diese Emotionen, die du genau jetzt als lästig empfindest, wachgerüttelt haben. Jedes Mal waren sie dir lästig. Jedes Mal hast du versucht, sie loszuwerden. Indem du damit beschäftigt warst, eine Lösung zu finden, ist das jeweilige Männchen stehen geblieben.*
*Du hast schon so oft dagegen angekämpft und dieses mühsame Gefühl verfolgt dich bis zur bitteren Neige – könnte man meinen. Es verfolgt dich aber nur, um auf sich aufmerksam zu machen. Du kämpfst gegen dich selbst an, weil du diesen Teil in dir ablehnst. Die Wut hat aber dieselbe Berechtigung wie die Freude. Der weichst du doch auch nicht aus? Alle Emotionen – egal, wie auch immer du sie empfindest – haben dieselbe Berechtigung, geliebt zu werden. Alle sind Liebe. Alle sind ein Teil dessen. Einige tief schwingend, andere höher schwingend. Nur, dem Zorn selbst ist es egal, mit wie vielen Einheiten er schwingt. Er wird sich in sich wandeln, wenn er die Aufmerksamkeit hat, die du auch dem Fröhlichsein zuteilst. Weil es deiner Seele unangenehm ist, entfernt sie sich lieber und wählt den einfacheren Weg, um diesem Gefühl, das ihr Angst macht, aus dem Weg zu gehen. Aber du hast jetzt die Möglichkeit, dich dafür zu entscheiden, dich deinen Emotionen zu stellen – wie auch immer sie sich anfühlen mögen.*
***Mensch möchte endlich erkennen, dass Freude und Leid sich lediglich durch ihre Art der Schwingung voneinander unterscheiden. Keine der beiden Empfindungen ist besser oder schlechter als die andere, da beide derselben Energie entspringen. Es ist beides – Liebe.***
*Alle Emotionen, die dich bewegen, sind in der Vollkommenheit enthalten. Erkenne, dass du nicht vollkommener sein kannst als jetzt. Du kannst lediglich Aspekte hinter dir lassen und dich für den Weg des Herzens*

*entscheiden.*

Wenn du etwas wirklich willst, dann geschieht es auch. Du musst es nur aus reinem Herzen wollen. Lass' ein paar Gedanken Revue passieren:
**Wolltest du** den letzten Job, weil er dir entsprach und Freude bereitete *oder* war es nur wieder ein Wollen aus dem Ego heraus, um Geld zu verdienen?
**Wolltest du** den letzen Partner aus dem Impuls heraus, mit ihm einfach nur zu sein, um in die Beziehung etwas hinein zu geben und etwas gemeinsam zu erleben *oder* wolltest du nur geliebt werden und den Partner lediglich als Aufwertung für dein Selbstwertgefühl benutzen?
**Wolltest du** eine Entscheidung, die du getroffen hast, wirklich? Aus reinem Herzen? Oder wolltest du deinen Kopf durchsetzen, dein Ego bestärken, jemandem deinen Willen aufzwängen, etwas in (d)eine Richtung lenken oder einfach nur daraus profitieren? Hast du einmal hingehört, was dein Herz will, was für dein Herz stimmig ist, was dir entspricht? Oder sagt dein Verstand: „Das kann ich nicht. Dafür habe ich kein Geld. Dafür bin ich zu alt. Was wohl die anderen dazu sagen?! Das gehört sich nicht."
Hat dir jemand etwas gesagt, das du nicht hören wolltest? Hast du dich auf eine Auseinandersetzung eingelassen, weil sich dein Ego verletzt oder angegriffen gefühlt hat? Bist du ausgewichen? Hast du reagiert? Hättest du es nicht sein lassen können, wenn du aus deinem Herzen heraus erkannt hättest, dass die Reaktion des anderen nur sein eigenes Problem darstellt? Aber wenn du vom Gefühl her reagiert hast, dann wird es zu deinem Problem, weil du dich angegriffen fühlst. Du musst dich ja nicht angegriffen fühlen, es ist deine freie Entscheidung, die du in diesem Moment triffst. Deshalb höre zu, wenn dir jemand etwas sagt, egal, was es auch immer es sein mag. Sei dankbar, auch wenn du dich im ersten Moment ärgerst, denn er hat dich auf eine Unstimmigkeit *in dir* hingewiesen. Er hat dir nur gezeigt, dass du ihn aus deinem Verstand heraus wahrgenommen hast. Es ist eine Erfahrung, die dir das Leben schenkt, um dich durch diese Person auf dich selbst aufmerksam zu machen. Es zeigt dir lediglich, wo du stehst.

Wenn du dich ärgerst, lass diese Emotion zu und durchlebe sie mit ***Werkzeug drei***. Die Erfahrung kommt nur so oft, bis du verstanden hast, dass es nur eine Erfahrung ist.

Du kannst dich also dagegen sträuben, es ablehnen, dich ärgern oder sonstiges tun. Es wird genau dann nicht mehr kommen, wenn du dieser Erfahrung mit Respekt gegenüber trittst, ihr erlaubst „da sein zu dürfen“ und sie in deinem Leben herzlich Willkommen heisst. Lade sie ein, hier sein zu dürfen. Wenn du genau so mit Erfahrungen umgehst, dann müssen sie auch nicht immer wieder in dein Leben treten. Vielleicht hat es die Erfahrung auch satt – wie eine Schallplatte, die einen Sprung hat und hängen bleibt – dir ewig die gleiche Leier vorzukauen. Vielleicht geht das ewige Wiederholungsspiel nicht nur dir, sondern auch der Erfahrung selbst auf die Nerven. Würde ich „Erfahrung“ heissen, könnte ich mir das gut vorstellen. *Diese Vorstellung stimmt mich fröhlich.*

Um noch kurz bei den zwischenmenschlichen Konflikten zu bleiben: Wie war es bei einer letzten unangenehmen Situation, an die du dich gerade erinnern kannst? Wolltest du nicht wieder mal nur deine Meinung loswerden? Konntest du den anderen so akzeptieren, wie er war? Wenn du wirklich keinen Streit gewollt hast, warum hast du reagiert? Warum bist du nicht bei dir geblieben? Warum hast du dich schon wieder einmal um das gekümmert, was der andere sagt, denkt und tut? Warum, warum, warum? Weil du immer noch in der Illusion lebst, *zu glauben,* dein Verstand zu sein. Solange du nicht bei dir bleibst, kannst du von aussen rein gar nichts „erwarten“. Nimm dir die Zeit und höre zu, was dir ein anderer zu sagen hat. Was auch immer er sagt – es hat nichts mit dir zu tun! Niemand kann dich angreifen – nur du kannst dich angegriffen fühlen. Reagiere nicht, weder im Aussen noch im Innen. Nicht, weil du es dir vorgenommen hast oder weil du glaubst, dich so verhalten zu müssen. **Sag deinem Gegenüber vielleicht, dass es sein Problem ist und du kein Problem damit hast. Er darf das Problem haben, es entspringt ja nur seiner Sichtweise.**
Zwischenmenschliche Konflikte weisen dich auf einen Konflikt in dir hin. Entscheide dich, auch hier wiederum bei dir zu bleiben. Und du

wirst sehen, es gelingt immer einfacher und eines Tages liebst du den, der dich „beschimpft" genauso wie den, der dich lobt. Wenn du dich selbst liebst, wirst du erkennen, dass die Seele keine Fassade hat und du dadurch der materiellen Fassade – die ja nur in der Illusion existiert – keine Wertigkeit mehr beimessen wirst. Denn die Fassade, die du siehst und von der du glaubst, sie sei Realität, existiert nur im Grobstofflichen, im Sichtbaren. Diese scheinbare Realität ist nur hier, damit du deine Erfahrungen machen kannst. Konzentriere dich auf die feinstofflichen Dinge im Leben, welche du über dein Herz Tag für Tag besser wahrnehmen und filtern kannst. **Es gibt immer nur Menschen, die dich unterstützen und dir helfen wollen. Sie sind ein Geschenk. Eine jede Begegnung will nur eines: dich an dich SELBST erinnern. Alle Menschen sind Liebe. Du musst es nur erkennen.**

Das Leben interessiert sich nicht für das Wollen deines Egos. Es freut sich über deine Herzensbedürfnisse und die solltest du auch nicht „wollen", sondern einfach nur fühlen. Fühlen, was ist. Spüre deine Bedürfnisse und sie werden geschehen. Weil alles, was du fühlst, nach aussen tritt, wenn es *frei von deinem Ego* erfolgt. **Wenn der Wunsch nicht in den Vordergrund tritt, sondern der Wunsch einfach nur ist, wird er sich *durch das Leben selbst, durch sich, in sich,* manifestieren**.

Weil der Wunsch (Herzensbedürfnis), den ich meine, nicht etwas ist, das zukünftig sein soll, sondern einzig und allein als Gegenstand des Moments existiert. Weil er ohne Ego einfach nur da ist, wie ein kleiner Impuls, der dein Herz belebt und erfrischt. Es wird sich aber nichts bewegen, wenn du etwas anstrebst, denn Dinge kommen nicht wenn du sie willst, sondern **Dinge geschehen, wenn sie in sich selbst geschehen wollen, weil du sie durch *dein so Sein* in dein Leben ziehst. Und was auch immer in deinem Leben geschieht, ist abhängig von deiner Schwingung. Es geschieht nach deinem Bewusstsein.**

Wenn etwas eingetroffen ist, fühle einen neuen „Wunsch"– ein neues Bedürfnis, das sich ergibt. Nicht, weil ich es dir sage. Sondern, weil es zur Gewohnheit werden sollte, das Handeln und Denken durch das

Fühlen zu ersetzen. Einfach zu fühlen und zu spüren – wie alles ist, wie du bist, wie alles andere ist und du wirst sehen, ein Ergebnis wird folgen. **Egal wie auch immer das Ergebnis ist – freue dich an dem, wie es ist.** Lebe aus der Fülle, aus der Herzensebene heraus, und du wirst Fülle ernten.

**Hinweis:**

---

***Wenn du von nun an folgende sieben Punkte beachtest, könntest du Gefahr laufen, dauerhaft zufrieden zu sein. Halte dich zumindest an Punkt acht, denn der sagt dir ganz genau, was du unbedingt tun musst:***

1. *Halte dich so oft wie möglich bewusst in deiner innersten Quelle auf. Gehe immer wieder in dein „Herz" und lebe aus diesem Zentrum heraus, indem du deiner Intuition folgst.*

2. *Reduziere dein Denken. Überprüfe immer wieder, ob du gedanklich abschweifst. Wenn ja, beobachte deine Gedanken oder lass sie einfach zu. Wenn notwendig – kommuniziere vorübergehend mit ihnen und halte diesen Dialog lebendig.*

3. *Durchlebe deine Emotionen und Situationen. Gehe damit nicht in Ablehnung. Lehnst du etwas ab oder stört dich etwas, dann erlaube dir, so zu empfinden. Bejahe dich, und lasse dich in allem so sein, wie du bist.*

4. *Geh so oft wie möglich in die Stille und verbringe so viel Zeit wie möglich mit dir selbst. Indem du dich einfach nur spürst, dich einfach beobachtest – indem du einfach nur bist. Innere Stille wird dir mehr geben, als die Illusion der ganzen Welt dir jemals geben kann. Innere Stille ist der wahre Fortschritt.*

5. *Bewege nicht nur deinen Geist – sondern durch Interessen, Tätigkeiten und Aktivitäten auch den Rest deines Daseins. Aktive Teilnahme am dynamischen Prozess des Lebens ist ein Grundstein für innere Zufriedenheit und Erfülltsein. Resignation und Stillstand bedeuten Isolation und Rückzug. Erlaube dir das zu tun, wozu du Lust hast und erlaube dir, deine Bedürfnisse zu leben.*

*6. Bei zwischenmenschlichen Konflikten: Frage dich immer, was diese Person in deinem Leben schon alles für dich getan hat und vergleiche anschliessend, was du gegeben oder zurückgegeben hast. Behandle ein jedes Gegenüber so, wie auch du behandelt werden möchtest. Erkenne und spüre die „Göttlichkeit" in ALLEM was ist.*

*7. Achte auf deinen Körper. Bewege ihn und tu ihm auch in der Ernährung Gutes. „Mensch ist, was er isst". Den Satz: „Von den Früchten der Felder sollt ihr euch ernähren!" findest du bereits in der Bibel. Geistige Nahrung alleine reicht bei vielen Menschen nicht aus, um gesund zu bleiben. Tiere sind – so wie du und ich – gleichberechtigte Aspekte der Schöpfung. Tiere müssen sterben, damit du sie essen kannst. Dieser Schmerz und diese Qual, die wir Tieren antun, sollten beendet werden. Gott hat uns Tiere geschenkt um auf sie acht zu geben und mit ihnen gemeinsam zu leben – um mit ihnen unseren Lebensraum zu teilen. Deshalb wäre es besser sie zu streicheln, als sie zu essen. Nur weil wir glauben stärker zu sein, gibt uns dies noch lange nicht das Recht, Tiere zu töten. Denk mal darüber nach.*

*8.*

## Nachtrag:

Alle Hilfestellungen sind wie bereits gesagt eine kleine Unterstützung – um deine alten Gewohnheiten besser SEIN lassen zu können.
Wenn du nun sagst: „Ich visualisiere.", „Ich manifestiere.", etc. – dann trennst du dich unweigerlich *von dem was ist.* Dein Herzenswunsch ist vielleicht ein toller Job, dann stellst du dir nicht bewusst vor, wie du dich in dieser neuen Situation wohl fühlst, sondern du fühlst zwischendurch Bilder, die einfach da sind. Sie tauchen auf und gehen wann sie wollen und wenn du sie fühlst, fühlst du dich darin einfach nur wohl und gut aufgehoben.
Du manifestierst ja ständig – ob bewusst oder unbewusst – du manifestierst *durch dein so sein.* Du manifestierst deine Krankheiten, deine Pleite – deine gesamte Lebenssituation. Es geschieht alles von selbst. Du sagst ja auch nicht zu einer Freundin „Lass uns morgen Nachmittag mal gemeinsam atmen.", oder „Treffen wir uns morgen zum gemeinsamen Atmen." – auch das geschieht von selbst.

Manifestation muss also nicht bewusst aktiviert werden – weil alles was geschehen soll, dann in dein Leben tritt, wenn die Zeit dafür reif ist. Deshalb folgender Hinweis: Immer wenn du einen Wunsch, ein Verlangen, einen massiven Gedankenschub oder eine innere Unruhe verspürst – und sich ja alles über dein ICH BIN manifestiert – konzentriere dich einfach nur auf dein Atmen. Du gehst also in das Atmen „hinein" und spürst dich in dieser einzigen „Tatsache". Fühle die Wärme, die Kürze, die Länge, die Intensität, die Hast, die Ruhe – spüre, wie sich die Quelle deines Existierens anfühlt – wie dein Atmen sich darstellt. So werden dein Verstand und dein Wollen automatisch ruhig, weil du ja mit Atmen beschäftigt bist und du deine ganze Aufmerksamkeit in diese eine Sache legst. Versuche das Atmen nicht zu ändern. Lass es zu und vor allem lass es sein wie es ist. Beobachte wie es sich ändert, wie es fliesst.

Wenn du nicht gerne meditierst – mach jeden Tag so oft wie möglich bewusst etwas, das dir Freude bereitet. Während dessen nimmst du dein Atmen wahr. In Zukunft leg bei allem was du tust, die Aufmerksamkeit „nur" auf dein Atmen. Wenn dein Verstand etwas

will oder dein Herz etwas wünscht, sag zu dir: „Wir gehen atmen". Ein tolles Gefühl.
Wende das bewusste Atmen auch an, wenn dich etwas bedrückt oder dir eine Situation „absolut gegen den Strich geht". So kannst du von Emotionen und Verstand ebenfalls Abstand gewinnen – du wirst sehen, es wird dir gut tun.

Die wahre Meditation im Leben ist, in jedem Moment bewusst – bei dir – zu sein. Wahre Meisterschaft zu leben ist dann möglich, bzw. erfüllt sich von selbst, wenn du dich im grössten Trubel, in menschlichen Tumulten, in der typischen Unwohlfühlsituation, im reinsten Chaos – das heisst in einer ganz normalen Lebenssituation – von nichts und niemandem mehr ablenken lässt, sondern erkennst – dass alles um dich herum – *Liebe* ist (auch „der ganz normale Wahnsinn", denn auch der ist Illusion). Wenn du dich hinsetzt und meditieren willst, tust du schon wieder etwas. Richtige Meditation bedeutet: Meditation zu sein, Meditation zu leben. Du bist Meditation, wenn du nichts mehr willst. Du bist. Wir sind. Ich bin.

## <u>Weitere Bücher und CDs, die im Anamcara Verlag erschienen sind:</u>

WIR LIEFERN UNSERE Bücher und CDs (nach Deutschland und in die Schweiz) P O R T O F R E I

<u>GESEGNETE REISE **Marion Musenbichler ISBN 978-3-9523278-1-4**</u>
1. Auflage 2007 (Limitierte Sonderedition erschien 03/2007)
Aus der Reihe: Sat-Chit-Ànanda: **Zauberhafte Büchlein**

Ich sage dir: Gib dich dem höchsten Gedanken hin. *Gib dich mir hin.* Doch was sagt der Mensch, wenn du sagst: Wende dich Gott zu?
**Gott ist für viele nur ein Wort**, oder sie verbinden mich mit Religionen oder Kirchen. **Gott ist die ICH BIN Essenz, das Bewusstsein, welches in allem ist. Gott ist Licht, Liebe und Wärme. Ewige Existenz. Leichtigkeit. Gesundheit. Friede. Fülle und F R E I H E I T.**
Im Zimmer deines Herzens wartet *es*, um dir zu begegnen. *Es ist da, es ist du, es ist in dir.* Und schon bald erkennst du, dass einzig und allein der Gedanke daran, dass du nicht *es* sein kannst/dass du Mensch bist und *es* Gott, dich davon getrennt hat, *es* zu sein. Lebe *es*. Sei *es*. Sei.

... im handlichen Kleinformat, für unterwegs, zum Reinschnuppern, für zwischendurch, **als kleines Geschenk**, um neue Perspektiven zu öffnen u.v.m. **VKP: € 8,40**

<u>SEELENGEFLÜSTER – WORTE UND KLÄNGE DER LIEBE 2 CDs **Marion Musenbichler ISBN 978-3-9523278-2-1**</u>, 1. Auflage 06/2007

**CD 1: WORTE DER LIEBE**
**<u>Eine lichtvolle Herzensreise zur Quelle der Liebe</u>**
Über eine Stunde Text, empfangen und gesprochen von **Marion Musenbichler**
Lass dich fallen, und spüre das Licht in dir. Es wird dich in deinem tiefsten Innersten berühren und wachrütteln, und längst vergessene, tief versteckte Emotionen zum Vorschein bringen. Ein Meisterwerk der Liebe, das dich an dein Seelenpotential heranführt und strahlendes Licht in dir kanalisiert. **Inkl. musikalische Untermalung, BONUS: Zusätzliche Musikwerke, ein Extra Track gesprochen: IMPULSE für den Alltag,** Text zum Einstimmen im Booklet -INKLUSIVE.

**CD 2: KLÄNGE DER LIEBE**
**<u>12 Erkennungsmelodien aufgestiegener Meister + 4 BONUS-Tracks</u>**
16 Meisterwerke u. Höhepunkte der Klassik: Emotional, einzigartig, bewegend. Mitreissend, impulsiv und herzöffnend zugleich. VKP: € 24,80

**Treffen, Seminare und Lichtkreise mit *Marion Musenbichler* werden individuell organisiert. Weitere Informationen auf Anfrage.** Bestellen Sie **PORTOFREI** (D+CH) direkt beim Anamcara-Verlag, bei unserem Aldebaran Versand in Deutschland: www.amadeus-verlag.de, direkt im Buchhandel oder **im Shop des aktuellen Internet TV Senders von Jan van Helsing: www.secret.tv**

Aus der Serie ***Medizinische Heilhypnose*** sind folgende Lektionen erschienen:

**NUR im ANAMCARA VERLAG erhältlich, VKP: € 14,80**

- **Aus der Neutralität heraus handeln, CD** (Dauer ca. 50 Min.)
- **Raucherentwöhnung CD** (Dauer ca. 55 Min.)

Gesprochen von Dieter Klotz, Heilpraktiker, Synergiereferent, Realitätsforscher der Quantenphysik, Zahntechnikermeister, sowie zertifizierter MSP Trainer 2000 (Seminare auf Anfrage).

## Literatur-Verzeichnis

**Im Land der Stille**, Mario Mantese ISBN 3-7699-0585-7 Drei Eichen Verlag

**Die Welt bist Du,** Mario Mantese ISBN 3-7699-0547-4 Drei Eichen Verlag

**Aufbruch in die Ewigkeit,** Mario Mantese ISBN 3-7699-0522-9 Drei Eichen V.

**Jenseits der Angst,** Ashian Belsey ISBN 3-93-622602-4 Melo-Edition

## Musik/DVD-Empfehlung

**Anisha Cay**
**Learning to Fly (CD + DVD) [DOPPEL-CD]**
MAE 1102 AC

**Stokowski Transkriptionen CD**
Art. Nr. 5 85073 2 EMI Records

## Hör CD-Empfehlung

**Ich bin das Licht,** Neale Donald Walsch
ISBN 3-93-464724-3 Nietsch Verlag

**Klangsteine von Andrea Ellmauer, informiert mit dem Urklang des Seins:**

Meine Stimme besteht nicht nur aus dem „normalen" Ton, sie enthält so genannte „Obertöne". Diese erzeugen einen Klang – ein Klangmuster – das erhellend auf die Seelenstruktur wirkt, der Seele in dieser Form Licht spendet, sie mit Ihrem Ursprung verbindet. Dadurch können sich unsere „Schwachpunkte" leichter in Licht wandeln. *Klang ist Licht. Klang ist Liebe. Klang ist.*

Man soll diesen Klang-Stein intuitiv wirken lassen, wo und wann immer man das Gefühl hat, ihn zu brauchen – er wirkt auf die Seelenstruktur ein und in Folge dessen kann er auch die Harmonisierung der Körperebene unterstützen. Der Klang-Stein gibt seine Information und seine Energie – für immer, ständig an uns ab (kein Aufladen notwendig) und aktiviert so das gottgewollte Emotionalprogramm unserer Seele.
Er kann auch beliebig an andere weiter gegeben werden und braucht keine besondere Pflege, Reinigung oder sonstiges – einfach intuitive „Zuwendung".

Ein Stein mit dem man sich intensiv auseinandersetzt, genügt – mehrere sind nicht nötig. Der von dir ausgewählte Stein gleicht die „Fehlbereiche" aus, die sortiert werden möchten. Bevor der Stein zu dir findet, entsteht ein Resonanzfeld, welches ihn liebevoll in dein Leben einlädt.

**Bachsteine, Trommelsteine, Bergkristallspitzen etc. – programmiert mit dem „Urklang des Seins" – unterstützen das „Heil-Werden" der Seele durch Obertöne einer speziellen Schwingungsfrequenz.**

Nähere Informationen können direkt bei Andrea Ellmauer angefordert werden (siehe „Ihre Ansprechpartner", Seite 68).

**Die Geschichte des Klangsteins und der Biene AJAR beginnt mit...**

...es war einmal ein kleines Bienchen. Es flog von Blüte zu Blüte und lauschte der Stimme des Windes. Weil es immer so glücklich mit sich war und dem Leben sehr liebevoll begegnete, wollte der liebe Gott es überraschen.
Das Bienchen sass auf einem Stein, als es plötzlich sehr müde wurde. Es war, als ob Engel es in den Schlaf wiegen würden. Es schlief schon tief, da hörte es wunderbare Klänge. Diese Klänge konnten nicht von hier sein. Sie waren so lieblich und rein, als ob sie anderen Welten entspringen würden. Das Bienchen fand sich an einem lichten, wundersamen Ort wieder – weit entfernt von zuhause.

Da, plötzlich hörte es eine Stimme, die sprach: „Bienchen, du befindest dich in dir – im Ursprung deines Seins. Ich möchte dir etwas weiter geben.“ Verwundert schaute Bienchen sich um und dachte: „Was mir diese wunderbaren Klänge wohl sagen möchten?“ In sich hörte es wieder diese lichte, warme Stimme, die sprach: „Bienchen... Kleines, ich bin es, AJAR. Diese Klänge, die dich so verzaubern, sollen nun dein Eigen sein. Du wirst sie mit dir nehmen, um sie in die ganze Welt hinaus zu tragen. Diese Klänge bringen Licht, Frieden und Liebe in die Herzen der Menschen – wie ein diamantener Funken, der die Herzen öffnet.

Wenn du aufwachst wird dein kosmischer Name AJAR sein und der Klang deiner Stimme wird dich so stark machen, dass du den Stein auf dem du schläfst mit nach Hause nehmen kannst. Erschaffe daraus den Mutterstein für viele Klangsteine, indem du ihn mit deiner heilenden Stimme besingst und besummst. Alle Steine, die du in Zukunft weitergibst, werden vernetzt sein mit diesem Mutterstein der Kristallenergie. Hüte deinen Schatz, der unvergänglich ist. Nun reich mir deine Hand Bienchen und wache auf...

Ich wünsch dir alle Kraft des Seins, **die Welt ist nun bereit...**

**Bienchen AJAR**

# NEUE DIMENSIONEN:
# **LICHTKREIS** Wochenenden in Liechtenstein

Diese Lichtkreise werden ins Leben gerufen, um folgendes zu bewirken: LIEBE ZU SPÜREN, LIEBE ZU LEBEN, WISSEN UMZUSETZEN. Die Lichtgeburt in dir wird geweckt und die Verbindung zu deinem Seelenstern wird verankert.

Für dich als Lichtträger zum Wohle allen Lebens erfolgt

**VERNETZUNG * ÖFFNUNG* ERNEUERUNG*AUFSTIEG**

in dir um dich in allem.

**„Meine „Gabe" führt mich zu einer neuen „Aufgabe", die ich übernehmen darf. Ich freue mich, dich bei deinem Aufstieg begleiten zu dürfen. Es ist mir ein Geschenk, diesem mir liebevoll zugeteilten Lichtimpuls nachkommen zu dürfen. Mit Hingabe und Demut an die höchste Instanz, öffne ich meine Seele, um dir lieber Weggefährte, das Licht zu sein. So lange, bis du selbst das Leuchten zum Ausdruck bringst. Dir, der du dich dazu entschlossen hast, den Weg der Meisterschaft zu gehen, weise ich mit all meiner Liebe, den Weg."**

Sei mutig und öffne dein verschlossenes Herz, damit Freiheit und Fülle in dein Leben eintreten kann. Diese ganz besonderen Lichtkreise erfüllen nicht nur den Zweck, im Menschen selbst etwas zu aktivieren, zu bewegen und zu erneuern, sondern gehen einem gezielten Auftrag nach, um im gesamten Planetenbewusstsein etwas zu bewegen. Unsere lichtvollen Helfer und ICH, meine Seele, freuen uns über deine Bereitschaft.

Bitte lasse dich nur dann vormerken, wenn du wirklich dazu bereit bist, ein Vorreiter der bevorstehenden Veränderungen sein zu wollen. Dazu gehört eine gewisse Bereitschaft, eigene Bedürfnisse und Persönlichkeit abbauen zu wollen, und **nun** wirklich etwas daran zu setzen, LICHT und LIEBE, ins Leben einfliessen zu lassen. Es geht darum, deinen Seelenauftrag nachdem du dich innerlich so sehr sehnst, endlich zu leben.

Es werden aus allen Interessenten immer nur gezielt 4 Seelen zusammenfinden, die ein spezifisches Wirkfeld aufbauen. **Du kannst dich also nicht anmelden, sondern nur vormerken lassen.** Die Lichtkreise finden in Liechtenstein statt, können nach vorheriger Absprache aber auch beliebig vor Ort durchgeführt werden.

# IHRE ANSPRECHPARTNER:

## Termine, Rückmeldungen, Anfragen etc.:

Regina Kropp, Tel. Nr.: **+49 (0) 6226 3388**, E-Mail : info@anamcara.li
Wir sind bemüht, dass die Qualität der Gespräche nicht durch die Quantität der Anrufe beeinträchtigt wird und bitten deshalb auch Sie um Mithilfe:
**Bitte beschränken Sie sich bei den Gesprächen mit Frau Kropp auf das Wesentliche, damit alle Seelen die Möglichkeit haben mit ihr in Kontakt zu treten.**

## Gesprächstermine mit Marion Musenbichler:

Folgende Nummer bitte nur dann wählen, wenn Sie Ihren Termin wahrnehmen. Anrufe können *nur zum vereinbarten Telefontermin* entgegengenommen werden: Tel. Nr.: **+423/262 01 51**

Sie hören automatisch den Anrufbeantworter wenn die Leitung noch besetzt ist. Da ein Gespräch nicht immer auf die Minute genau beendet werden kann, versuchen Sie es nach ein paar Minuten noch einmal. ***Termine erfolgen ausschliesslich*** *– ORTSUNABHÄNGIG –* ***per Telefon.***

## Klangsteine:

Andrea Ellmauer, Tel. Nr.: +43/6228 30025 (Di bis Do 9h bis 11h),
E-Mail: ea@anamcara.li

## Telefonat mit Marion Musenbichler:

Die Befreiung von Egoprogrammen geschieht während der Transformation durch die innere Erkenntnis. Dieses Erwachen stellt das innere Gleichgewicht wieder her, soweit Mensch innerlich dazu bereit ist diesen Schritt zu gehen. Eine weitere Wandlung zu einer „neuen" (neutralen) Sichtweise ist die Grundvoraussetzung für ein lang anhaltendes Ergebnis der körperlichen Harmonie und der Veränderungen äusserer Umstände. Es werden grundsätzlich *niemals* Gesundheit oder Lebenssituation „bearbeitet". Eintretende Umstände und Veränderungen auf allen Ebenen sind ein automatisches Ergebnis des „Erwachens" und sind somit immer nur auf die innere Wandlung zurück zu führen. Fällt Mensch in sein altes Denk- und Verhaltensmuster zurück, obliegt er wieder automatisch der Illuison der Materie - der Wirkung seiner ausgesendeten Handlungen. **Du bist was Du denkst.**

Durch eine „Seelen-Transformation" können Resonanzen zu Ängsten, zu einer inneren Leere, bei beruflichen und familiären „Problemen", bei körperlichen Disharmonien, jeglichen Resonanzen zu Fremdeinflüssen und Altlasten sowie seelischen Konflikten ausgeglichen werden. Meine Unterstützung liegt darin, die „göttliche Ordnung im Menschen" wieder herzustellen. **Die „Gesundung" ist nicht das Wichtigste. Ein grösseres Geschenk ist das Erwachen, das Erkennen, dass dieses physische Leben nur eine Gelegenheit für uns ist, uns zu unserer Seele hin zu entwickeln.** Die Gesundung ist lediglich ein Vorgang, den wir wahrnehmen können um vertrauen, sehen, erfahren und begreifen zu können.

Da ich meine Unterstützung jedem Menschen zugänglich machen möchte, beträgt der soziale Mindesttarif: € 35.-/CHF 55.-. Ein Aufbautarif also, der in Eigenverantwortung frei gewählt werden kann. Somit kann jeder Einzelne den Betrag geben, den er von ganzem Herzen geben möchte und der seinen finanziellen Mitteln entspricht. Hier sollte ein freiwilliger, gleichwertiger Ausgleich geschaffen werden.

**Aus rechtlichen Gründen, folgende Information: Meine Tätigkeit ist kein Ersatz für die herkömmliche Schulmedizin. Bei gesundheitlichen Problemen ist in jedem Fall ein Arzt zu konsultieren!**

# Von innen heil werden

## Hilfe zur Selbsthilfe

**Eine junge Frau aus Österreich hat ihre Berufung zum Beruf gemacht. Marion Musenbichler ist Medium und Lebensberaterin. Tagtäglich steht sie verzweifelten Menschen per Telefon bei seelischen und körperlichen Problemen zur Seite. Und der Erfolg ist beeindruckend**

Die meisten Menschen wünschen sich jemanden, der ihre Probleme löst," sagt Marion Musenbichler. „Aber das kann natürlich nur jeder selber tun. Allerdings kann ich Starthilfe leisten, Blockaden lösen und Veränderungen vorantreiben, wenn Menschen wirklich dazu bereit sind."

Marion Musenbichler arbeitet seit rund fünf Jahren als Medium und Lebensberaterin, hilft Menschen in schwierigen privaten und beruflichen Situationen. Auch die Bereinigung von Orten, Häusern oder Grundstücken, die Entwicklung einer neuen Geschäftsidee sowie Entscheidungshilfen bei Kauf oder Verkauf von Immobilien gehören zu ihrem Tätigkeitsfeld.

BIO wollte wissen, wie das geht und sprach mit der Lebensberaterin.

***Frau Musenbichler, als gelernte Gastronomin haben Sie eine recht bodenständige Ausbildung genossen. Wie lässt sich die berufliche Entwicklung zum Medium und zur Beraterin in allen Lebenslagen erklären?***

Marion Musenbichler: Eigentlich ist es keine Entwicklung, sondern etwas, was schon immer da war. Schon als junge Frau hatte ich Visionen. Im Schlaf sah ich zum Beispiel Menschen sterben und Massenkatastrophen hereinbrechen. Am nächsten Tag erfuhr ich dann durch Zeitung und Fernsehen, dass sich diese Dinge tatsächlich zugetragen hatten.

Ich konnte damit zunächst nicht umgehen. Es hat mich erschreckt. Im Laufe der Zeit lernte ich aber, die mir gegebenen medialen Fähigkeiten positiv einzusetzen, um anderen Menschen zu helfen.

Von innen heil werden - damit sich auch die äußeren Umstände ordnen können, das ist es, was sich Marion Musenbichler für ihre Klienten wünscht

Marion Musenbichler verfügt seit ihrer Kindheit über mediale Fähigkeiten. Heute wird sie bei den vielfältigsten Problemen um Rat und Hilfe gebeten. Der Kontakt geschieht per Telefon - eine „Seelsorge" der ganz besonderen Art

***Wie kann man sich das praktisch vorstellen? Mussten Sie dazu eine Ausbildung machen?***

Marion Musenbichler: Ich erlernte zunächst heilkundliche Techniken wie Bio-Resonanztherapie, machte eine Ausbildung zur Reiki-Meisterin und besuchte Seminare über Taoismus und Schamanentum, über alte Völker und vergangene Kulturen.

Was für meinen Lebensweg aber fast noch wichtiger war: Ich bekam die Eingebung von ‚oben', Menschen zu helfen. Die Visionen hörten dann irgendwann auf, geblieben aber waren mir die übersinnlichen Fähigkeiten.

Ich veranstaltete Reinkarnations-Seminare und begann als Lebensberaterin zu arbeiten. Anfangs habe ich mir dabei den Mund wund geredet. Schließlich wurde mir aber klar, dass ich mit Worten allein die Menschen nicht erreichen kann. Und dass diese Form der Beratung nicht ausreichte, um positive Veränderungen herbeizuführen.

## Alles kommt von innen

***Wie ging es dann weiter?***

Marion Musenbichler: Ich begann mich in die Seele des Menschen einzufühlen. Mir wurde bewusst: Alles, was uns geschieht, kommt von innen, aus uns selbst. Und nur von innen können wir unsere Schwierigkeiten im äußeren Bereich auflösen.

Jeder Mensch hat Programme, nach denen er lebt und sich verhält. Diese Programme sind bis in die kleinste Zelle gespeichert. Bei meiner Arbeit geht es mir darum, Programme, die sich schädlich oder blockierend auswirken, zu löschen - sozusagen den Schalter umzuknipsen. Und dem Betreffenden bewusst zu machen, welche Strukturen und Mechanismen sich hinter seinen Handlungen verbergen. Damit er erkennt, was er ändern muss, um wieder ins Gleichgewicht zu kommen.

***Wie geschieht das?***

Marion Musenbichler: Ich verbinde mich mit dem Kosmos, der göttlichen Energie und ich fühle, wie diese Energie durch mein Scheitelchakra einfließt.

→

Vertrauen in die kosmische Weisheit, in die Kraft der Engel kann uns helfen, auf den rechten Weg zu kommen. Davon ist Marion Musenbichler überzeugt

# Von innen heil werden - Hilfe zur Selbsthilfe

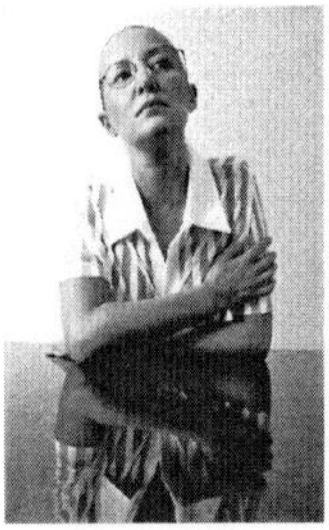

Wir alle erhalten immer wieder Botschaften, Signale, die uns darauf aufmerksam machen, dass etwas in unserem Leben einer Korrektur bedarf

Auch die Energie von Häusern kann „bereinigt" werden. Nicht nur, damit die Bewohner sich darin wohlfühlen. Auch bei einem Verkauf kann dies eine wichtige Rolle spielen

Ängste vor fast allem und jedem plagten einen jungen Mann. Nach der Telefonberatung wagte er sich wieder in ein Auto zu setzen und Dinge zu tun, die ihm vorher unmöglich gewesen waren

Dann verbinde ich mich mit der betreffenden Person. Ich spüre mich in den Körper des oder der Hilfesuchenden ein. Auf diese Weise kann ich fühlen, wo das Krankmachende, die Ängste sitzen. Ich versuche dann in die betreffende Stelle viel Licht fließen zu lassen. Teilweise arbeite ich auch mit so genannten Energiesymbolen, die helfen können, Probleme bewusst zu machen. Aber ich vertraue auch auf die Kraft der Engel, die uns Menschen zur Seite stehen, wenn wir sie rufen.

Wenn ich innerlich auf Blockaden stoße, dann frage ich zumeist meine innere Führung: ‚Darf ich - kann ich - soll ich helfen?' Wird das abgelehnt, gibt es andere Möglichkeiten (etwa Transformationssätze), um den Menschen zuerst mit sich selbst in Einklang zu bringen, damit sich die innere Bereitschaft einstellen kann.

***AnamCara heißt Ihr Institut in Liechtenstein, in dem Sie unter anderem auch Reinkarnations-Seminare und Seminare zu Energiesymbolen anbieten - ein Name mit großer Bedeutung?***

Marion Musenbichler: Ja, AnamCara bedeutet Seelenfreund. Es stammt aus keltischer Überlieferung und meint eine tiefe Einsicht in das Wesen der Liebe und der Freundschaft. Ursprünglich war AnamCara der Mitbruder, mit dem ein Mönch seine Zelle teilte, bei dem er die Beichte ablegte und mit dem er alles besprach, was ihn bewegte.

Dem AnamCara konnte man sein Innerstes, seinen Geist und sein Herz offenbaren, deshalb habe ich mich für diesen Namen entschieden. Um Menschen den Ursprung ihres Seins näher zu bringen und ihnen zu helfen, mehr Harmonie und Wohlbefinden in ihr Leben zu bringen. Das sehe ich als meine eigentliche Aufgabe an.

***Sie machen Ihre Behandlungen fast ausschließlich am Telefon?***

Marion Musenbichler: Ja, für diese Arbeit ist es nicht nötig, den Betreffenden von Angesicht zu Angesicht zu sehen, da alles über göttliche Energien und das Einfühlen läuft.

***Wie lange dauert eine Telefon-Behandlung und was kostet sie?***

Marion Musenbichler: Eine Behandlung dauert im Schnitt etwa ein- bis eineinhalb Stunden. Ich bin hier sehr flexibel und passe die Kosten den individuellen Konstellationen des Ratsuchenden an.

***Frau Musenbichler, wie sehen und empfinden Sie sich selbst dabei?***

Marion Musenbichler: Ich sehe mich als Transformator. Ich kann quasi nur etwas anstoßen, für die Änderung der Lebensverhältnisse muss der Betreffende selber sorgen.

***Gibt es eine Botschaft, die Sie Menschen, die gegenwärtig in einer Krise stecken, mitteilen wollen?***

Marion Musenbichler: Ja, alles, was uns widerfährt, ist gewissermaßen ein Spiegel unseres seelischen Befindens. Ein kleines Beispiel aus meiner Praxis: Einer Frau brannte das Haus ab, in dem sie schon seit ihrer Kindheit wohnte. Durch meine Intervention stellte sich heraus: Sie fühlte sich schon seit langem nicht mehr wohl in diesem Haus. Sie wollte ausziehen, schaffte es aber aus den verschiedensten Gründen nicht. Durch den Brand musste sie nun tatsächlich eine neue Wohnung suchen und fand diese auch rasch.

Nicht immer müssen Ereignisse so dramatisch ablaufen. Wer auf seine innere Stimme hört und lernt, sich selbst zu spüren, der kann auch ohne solche Schicksalsschläge auf seinem Lebensweg weiterkommen.

## Wenn Seelenqualen endlich ihr Ende finden

Marion Musenbichler kann aus ihrer mehrjährigen Tätigkeit auf viele Fälle zurückblicken, wo eine grundlegende Hilfe möglich war. Fälle, die in allen Einzelheiten dokumentiert und beglaubigt sind.

Da ist zum Beispiel Rita Pollack* aus der Steiermark. Die 55-Jährige steht unter starkem Druck, leidet unter Depressionen und nimmt täglich Valium ein. Ihre Mutter ist schwer krank, bettlägerig und hat Alzheimer. Sie bekommt überhaupt nichts mehr mit und ist völlig verwirrt. Das macht die Pflege sehr schwierig. In ihrer Verzweiflung wendet sich Rita Pollack an Marion Musenbichler. Nach einem ausgiebigen Telefonat, bei dem es gelingt, Blockaden bei ihr und ihrer Mutter zu lösen, treten verblüffende Veränderungen ein: Die Mutter erbricht über 14 Tage immer wieder (= Ausheilungsprozess), was sich die Ärzte nicht erklären können. Danach ist sie völlig klar im Kopf, kann sich an die Zeit ihrer Verwirrtheit aber nicht mehr erinnern. Die Depressionen der Tochter verschwinden und sie muss auch keine Tabletten mehr einnehmen.

Bei der 30-jährigen Evelyn Wirtz* aus Niederösterreich scheint sie selbst und die ganze Familie wie von einem Fluch belastet zu sein: Krebs, Alkohol, Selbstmorde und Vergewaltigung belasten die Atmosphäre. Auch Neid und Kälte haben die junge Frau in eine schwere Angstkrankheit gestürzt. Außerdem ist sie dadurch stark übergewichtig geworden. Marion Musenbichler gelingt es, die junge Frau aus ihren Verstrickungen zu befreien. Aber auch den Ort zu bereinigen, an dem sie lebt. Eine Reinigung, die bis in die Zeit der Urahnen zurückreicht.

Evelyn Wirtz gewinnt nach langer Zeit wieder Selbstvertrauen. Ihre Depressionen verschwinden nach und nach. Es fällt ihr nun auch leicht, abzunehmen. Sie kann sich mit der eigenen Vergangenheit versöhnen, sieht wieder Perspektiven für die Zukunft und hat große Freude am Leben.

**Heftige Rückenschmerzen, durch nichts zu lindern, können Patienten verzweifeln lassen. Auch bei chronischen Schmerzzuständen kann mentale Energiezufuhr oft Erstaunliches bewirken**

Jutta Seidler* aus Sachsen versucht seit über zwei Jahren ihr Haus zu verkaufen. Es war gepflegt und gut in Stand gehalten, der Preis reell. Viele Interessenten besichtigten das Haus. Die Kommentare lauteten jedes Mal: „Sehr schön" oder „sehr gepflegt", doch später sagten alle wieder ab. Dabei wurde niemals der Preis moniert.

Die 45-Jährige war ratlos und konnte sich den jeweiligen Gesinnungswandel nicht erklären. So wandte sie sich an Marion Musenbichler. Die erklärte ihr, dass Kaufentscheidungen sehr oft aus dem Bauch he- →

# Von innen heil werden - Hilfe zur Selbsthilfe

raus getroffen werden. Deshalb fühlt man auch sofort, wenn etwas nicht stimmt - selbst wenn das Objekt noch so attraktiv sein mag. Die Energie von Häusern und Räumen spielt immer eine große Rolle, ob sich Menschen darin wohlfühlen können oder nicht. Marion Musenbichler löste die Energieblockaden im Haus auf und konnte so die Räume „befreien". Schon 21 Tage später war das Haus verkauft.

Der 6-jährige Manuel* ist durch einen Steinschlag am Rücken getroffen worden. Die Diagnose: Schädeltrauma, schwere Gehirnerschütterung, Rippenbrüche und Luft in der Lunge. Manuel musste auf die Intensivstation. Marion Musenbichler leistete auf Bitte der Mutter mentale Notfallhilfe und aktivierte die Wundheilung. Zwei Tage später spielte Manuel bereits im Krankenhaus, lief durchs Zimmer. Die Ärzte waren fassungslos: Für sie grenzte diese Regeneration an ein Wunder, an etwas, was medizinisch gesehen gar nicht möglich war. Schon nach sechs Tagen durfte der Bub wieder nach Hause und hatte danach keinerlei Beschwerden mehr.

## Auch chronisch Kranken kann geholfen werden

Hiltrud Steinbrecher* aus Mülheim/Ruhr litt seit 10 Tagen unter heftigen Schmerzen im Nasennebenhöhlenbereich. Seit längerem hatte sie dort eine Zyste, die sich nun bemerkbar machte und höllisch brannte. Nach einem Telefontermin mit Marion Musenbichler berichtete sie: „Zuerst war ein leichtes Strömen in Händen, Füßen und im Nasennebenhöhlenbereich zu spüren. Dann waren die Schmerzen fort, die Nebenhöhlen frei und alles so, als wenn mir nie irgendetwas gefehlt hätte."

Stefan Boll* aus Siegen litt seit 7 Jahren unter hartnäckigen Angstzuständen. Der 25-Jährige hatte Angst beim Autofahren, Angst, alleine zu sein, Angst bestimmte Dinge zu essen, Angst bei körperlichen Beschwerden, dass etwas Schlimmes daraus entstehen könnte ...

An Therapien hatte er so ziemlich alles ausprobiert: von Kinesiologie bis hin zur Psychotherapie. Doch nichts half wirklich. Erst nach einer Telefonsitzung kam die langersehnte Veränderung. Nach etwa drei Wochen konnte der junge Mann zum ersten Mal Dinge tun, die ihm vorher unmöglich gewesen waren, wie etwa in einem überfüllten Supermarkt einzukaufen. Nach weiteren Telefongesprächen verschwanden auch die anderen Ängste.

**Schäferhund Rex litt unter einer starken Ellenbogenarthrose. Hier konnte Marion Musenbichler (Foto rechts) alte Blockaden durch Zwingerhaltung feststellen und die Selbstheilung aktivieren**

Ursula Winkler*, 46, aus Tirol litt seit der Geburt ihrer Tochter vor 26 Jahren unter ständigen Brustschmerzen. Hinzu kam eine beunruhigende Unsicherheit und das Gefühl, es anderen immer recht machen zu müssen. Seit kurzer Zeit traten außerdem noch massive Rückenbeschwerden auf. Eine Odyssee durch verschiedene Arzt- und Heilpraktikerpraxen sorgten immer nur kurzfristig für Linderung.

Mehrere Telefonberatungen mit Marion Musenbichler brachten endlich die Wende: Die jahrzehntelangen Brustschmerzen waren bereits nach dem ersten Mal nicht mehr zu spüren. Ebenso besserten sich die Rückenbeschwerden. Im weiteren Verlauf gewann die Frau dann auch zunehmend an Selbstsicherheit. Heute fühlt sie sich voller Energie und ist so selbstbewusst wie seit langem nicht mehr.

Pamela Weinbach*, 37, aus Wien litt seit ihrer Geburt unter einem Herzfehler und einer schweren Form der Skoliose (Wirbelsäulenverkrümmung). Eine Herzoperation erfolgte mit 13 Monaten, eine erste Wirbelsäulenoperation kurze Zeit später. Die Herz-OP war erfolgreich, die Wirbelsäulen-OP dagegen nicht. Im Alter von 7 Jahren stand fest, dass die Wirbelsäule unbedingt stabilisiert werden musste.

Es kam zu einer bis dahin in Österreich noch nie durchgeführten Operation, bei der man der Patientin einen Metallstab in den Rücken einsetzte. Lange Krankenhausaufenthalte und starke Schmerzen prägten die gesamte Kindheit. Die Schmerzen wurden im Laufe der Zeit immer stärker, und die Dosis der schmerzstillenden Medikamente ebenfalls. Vor fünf Jahren unterzog sich die junge Frau zum ersten Mal einer Schmerztherapie im Krankenhaus. Für eine erste Linderung sorgten dann Akupunktur, Yoga, Atem- und Entspannungstechniken.

Bereits nach einem ersten Telefonat mit Marion Musenbichler konnte die Wienerin aufatmen. Sie sagt: „Ich weiß nicht wie, aber diese Frau hat das geschafft, was mir kein Medikament und keine Schmerztherapie je gebracht hat. Ich bin schmerzfrei und freue mich am Leben, als hätte ich nie eine Operation gehabt."

Auch bei Tieren hat sich die Energieübertragung vielfach bewährt. Da ist beispielsweise Schäferhund Rex. Er hat eine starke Ellenbogenarthrose und leidet unter Schmerzen und Bewegungseinschränkung. Marion Musenbichler stellt Blockaden durch Zwingerhaltung beim früheren Besitzer fest. Sie löst die alten Muster und Blockaden auf, die Selbstheilung wird angeregt. Seitdem ist der Hund wieder schmerzfrei, kann sich normal bewegen und herumtollen.

* *Alle Namen von der Redaktion geändert*

Nähere Informationen über den BIO-Leserservice, Monatshauser Str. 8, 82327 Tutzing, Tel 08158-8021.

**Buchtipp**

- Marion Musenbichler: „Der Sprung in die Wirklichkeit oder Wege ins andere Selbst", Frieling & Partner GmbH Berlin, ISBN: 3-8280-1005-9, € 8,40.

**ANAMCARA**
Anstalt für Geisteswissenschaften und
**Anamcara Verlag**
**Marion Musenbichler**
Rotenboden 228B, FL-9497 Triesenberg,
Tel.: +423/262 01 51, Fax: +423/262 01 52
E- Mail: mm@anamcara.li o verlag@anamcara.li

www.anamcara.li
www.immo-sale.com